당신이 편안했으면
좋겠습니다

당신이 편안했으면
좋겠습니다

이사벨 길리스 지음 | 김산하 옮김

흐름출판

삶과 나를 연결시키는
작은 기쁨의 시작, 코지^{COZY}

대부분의 사람들은 나를 처음 만나면 평생 뉴욕에서 산 굴곡 없는 여자라고 본다. 그러나 한 번의 이혼을 겪고 재혼을 하면서도 커리어를 잃지 않고 달려온 삶의 과정을 털어놓으면 사람들은 눈이 휘둥그레지면서 다음과 같은 질문을 던진다. "삶이 힘들었을 때 어떻게 이겨낼 수 있었어요?" "힘든 삶을 겪어도 어떻게 좌절하지 않을 수 있었죠?" "정신없고 번잡스러운 뉴욕에서 평정심을 잃지 않고 살아가는 비결이 뭐죠?"

처음 이 질문을 받았을 때 나는 심각하게 고민하지 않았다. 내 앞에는 따뜻한 티가 있었고 그것을 홀짝이는 중이었으므로 단순하게 말했다. "이렇게 당신과 따뜻한 티를 나누는 기쁨이 있잖아요. 인생이란 그런 거 아니겠어요? 이런 소소한 기쁨으로 나머지 힘든 순간을 버텨내는 거 아닐까요?" 나의 이런 대답을 듣고 여러분은 실망했을 수도 있다. 인생이란 따뜻한 순간과 힘든 순간이 있기 마련이니, 따뜻한 순간을 위해 힘든 순간을 참으라는 말과 다를 바 없어 보이기도 한다.

나는 집에 와서 사람들이 했던 질문에 대해 좀 더 고민해보았다. 남들이 보기에 나는 뉴욕에 살고 있으며 칼럼을 연재하고 때로는 배우로서 영화에 출연하는 멋진 인생을 사는 사람이다. 잘난 척하는 게 아니라 내가 가진 캐릭터 성이 남들이 부러워 할 만한 요소가 있다고 말하고 싶은 거다. 그러나 이렇게 남들의 부러움을 받을지라도 나는 삶이 행복하다고 느끼지 않았다. 이혼을 했을 때는 패닉에 휩싸였다. 남은 인생을 살 용기가 나지 않아 매일 밤 불안이 엄습했다.

지금은 힘든 순간이 오면 그때보다 상황을 잘 콘트롤할 수 있다. 그러나 그때는 어떠한 여유도 가질 수 없었다. 세상이 끝나버린 것만 같았고 다시는 재기할 수 없을 거 같았다. 내가 하찮은 존재로 여겨졌다. 좌절한 내게 힘을 준 건 아빠였다. "길리스! 너답게 해." 아빠는 이 한마디를 하며 따뜻한 차가 담긴 머그컵을 쥐어주셨다. 그 순간 혼자인 것만 같았던 인생이 세상과 연결된 듯한 느낌이 들며 마음이 편안해졌다. 그렇게 운명처럼 코지를 만났다!

코지란 무엇인가?

코지란 무엇일까? 사전적 의미를 보자면 '아늑한, 단란한, 친밀한'이라는 뜻을 가지고 있다. 이를테면 내리는 눈과 타오르는 모닥불, 김이 모락모락 나는 코코아 한 잔, 아버지에게서 소중한 물건을 물려받았을 때. 코지가 어떤 것인지 딱 꼬집어 이야기할 수는 없지만 수프가 끓고 있는 집 안 풍경은 코지라고 할 만한 모든 것이 다 담겨 있다고 할 수 있다. 내가 말하려고 하는 코지도 이러한 느낌을 포함한다. 그러나 이러한 느낌만을 지칭하는 것은 아니다. 지금부터 내가 말하고자 하는 인생에 있어서의 코지^{coziness}는 좀 더 넓은 개념을 포함한다. 어떤 것을 수식하는 형용사로써의 의미가 아니라 우리가 터득하고 배워서 습득해야 하는 기술로써의 명사적 의미이다.

즉 어떤 물질적인 거나 안정된 환경을 넘어 그 이상의 것을 말한다. 다시 말하면 우리 자신의 가장 깊숙한 곳에 자리한 정체성과 긴밀하게 연결되어 있는 가장 편안하고 안락한 상태를 태도로 가지고 오는 것을 의미한다. 단순한 편안함과는 또 다른 개념이다.

그러나 여기서 코지를 좀 더 명확하게 정의 내리긴 어렵다. 코지는 누구에게나 각기 다르며 아주 다양한 형태로 나타나기 때문이다.

왜 코지가 필요한가?

우리는 인생의 모든 순간마다 행복할 수 없다. 항상 평온하거나 강건할 수 없다. 살아가다 보면 흔들리는 순간에 직면한다. 그럼에도 앞으로 나아가야 하는 것이 인생이다.

삶에서 맞닥뜨린 장애물을 뛰어넘고 다시 평온을 되찾으려면 주변 환경에 휩쓸리지 않고 내면의 중심을 다스릴 수 있어야 한다. 이럴 때 우리는 코지의 힘이 필요하다. 코지는 행복한 삶을 위해 매일매일 쌓아가는 일종의 '자기 연마술'이다. 흔들리는 인생을 다잡고 조절할 수 있는 삶의 기술, 그것이 '코지'이다.

코지를 만드는 4가지 기술

코지를 만들어내는 구체적인 요소는 뭘까? '연결connection, 온도Temperature, 장악Control, 조직화Organization'라는 4가지 요소만 익힌다면 어떤 상황, 어떤 처지에 처했든 상관없이 세상 속에서 중심을 잡을 수 있다. 즉 코지할 수 있다.

예를 들어 이런 상황에 있다고 해보자. 당신이 여행 중에 길을 잃어 막다른 골목에 있다면, 어떻게 할 것인가? 당신은 세상에 홀로 떨어진 것 같은 극심한 불안을 느끼고 있다.

이럴 때 필요한 것이 바로 연결이다. 세상과 당신을 연결시킬 수 있는 접점만 찾아도 불안은 사라진다. 당신이 길을 잃어 배회하고 있을 때 카페에 들어가보자. 사람들은 따뜻한 커피를 마시고 있다. 당신의 유년 시절을 떠올려보라. 분명 따뜻한 커피를 마시면서 마음의 안정을 얻었던 적이 있을 것이다. 그 기억과 당신을 연결시켜보라. 금세 안정이 될 것이다. 여기서 중요한 요소가 있다. 바로 온도이다. 당연한 말이지만 사람들은 차가운 온도보다 따뜻한 온도에서 마음의 안정을 빨리 찾는다. 이러한 이유로 사람들은 따뜻한 커피를 마시면서 마음의 안정을 찾곤 한다. 이렇게 세상과 나를 연결시키고 따뜻하게 만들었다면 길을 잃었다는 상황을 장악할 수 있다. 드디어 당신은 길을 배회하지 않고 목적지를 향해 갈 힘을 얻은 것이다.

연결, 온도, 장악 이 3가지를 조직화한다면 당신은 비로소 코지의 모든 기술을 습득한 것이다.

물론 이 기술은 한 번에 실현되지 않는다. 그러나 연마하고 노력한다면 그 누구든 익숙하게 코지할 수 있다.

일상 속에 사소한 것으로부터 시작되는 코지

코지가 굉장히 어려운 기술 같지만 절대 그렇지 않다. 코지는 우리 주변의 사소한 것에서부터 시작된다. 나의 이야기를 해보자면 나는 마음이 심란하거나 불안할 때면 기차를 탄다. 이 말을 듣고 의아해할 수도 있지만, 이것은 정체성과 연결된다.

어렸을 적부터 브로드웨이 교외 열차를 타고 학교를 가거나 이동을 자주 했다. 기차를 타면 창밖 풍경을 보다 잠이 들었는데 이때 줄곧 아빠가 따뜻한 담요로 무릎을 덮어줬다. 설핏 잠에 들었어도 누군가에게 보살핌을 받는 느낌을 받았다. 이러한 기억 덕분에 난 기차에 타고 있다는 것 자체만으로도 코지를 느낀다. 역을 지나갈 때의 느낌, 철컥 하고 갑작스럽게 열리는 문과 옆에서 들리는 사람들의 이야기 소리, 객실의 오렌지색 의자와 검은색 바닥, 그리고 승객의 안전을 염려하는 객실 방송 모두 코지를 만들어낸다.

나는 일단 기차에 타면 구석 자리부터 찾는다. 한 자리라도 비어 있으면 운이 따랐다는 생각이 들며 뭔가 안심되고 편안한 기분이 든다. 기차가 출발하기 전 가방 안에 넣어두었던 읽을거리를 꺼낸다. 〈뉴요커New Yorker〉에 실려 있는 글을 읽으며 시간을 보내면 어퍼 웨스트 사이드에서 브루클린까지 가는 길이 마냥 즐겁기만 하다. 〈뉴요커〉에 실린 여섯 장 분량의 기사는 충분히 코지하다. 단순히 따뜻하고 안락한 느낌의 코지가 아니다. 〈뉴요커〉에는 필자를 비롯해 잡지사에 있는 모든 사람들의 에너지가 담겨 있다. 흥미를 자극하는 상세하고 유용한 정보가 가득하다. 많은 사람들이 힘을 합쳐 만든 결과물을 읽을 때면 마음속 깊은 곳에서 뭔가 따뜻한 게 흘러가는 듯한 느낌이 든다.

코지를 습득하기

코지는 처음부터 정해져 있거나 대단한 게 아니며 각자의 코지는 모두 다르다. 그러나 충분히 배우거나 습득할 수 있다. 코지는 어떤 결정을 내려야 할 때 스스로를 다독이거나, 아주 힘들 때 자신을 더 강하게 만들기도 한다.

나는 지금껏 많은 사람들에게 코지를 전파해왔다. 이제는 사람들이 "어떻게 그렇게 힘든 순간을 넘겼어요?"라는 말을 하면 심플하게 "코지하세요"라고 말한다. 사람들은 처음에는 어리둥절하다가 이윽고 코지할 수 있는 각자의 비책에 대해 연구한다. 어린 시절 따뜻했던 기억, 편안하게 느껴지는 장소, 마음이 고요해지는 행동. 그것은 아주 단순한 것으로부터 시작되어 자신의 핵심 정체성과 연결된다.

때때로 나는 사람들에게 코지를 이끌어내는 말을 한다. "블라인드를 올리면 오후 햇살을 볼 수 있을 텐데."라던가 "건조기에서 금방 꺼낸 빨래를 접는 건 어때요? 주름이 쫙쫙 펴지는 느낌이 좋지 않나요?" 하는 식으로 말이다. 물론 일상의 아주 사소한 조각들이다. 이렇게 흩어져 있는 조각들을 연결해라. 그리고 자신의 내면으로 갖고 와라!

어려움이 닥쳐와도 스스로 상황을 장악하고 안정을 찾을 수 있다는 믿음의 힘은 실로 어마어마하다. 예측할 수 없는 삶에서 중심을 잡을 수 있다는 자기 믿음은 안정감과 평온함을 불러온다. 나는 이제부터 코지할 수 있는 다양한 방법을 설명하고 안내할 것이다. 가장 기본적인 정체성을 찾는 방법과 질문부터 집을 코지하게 만들 수 있는 방법, 바깥세상에서 코지할 수 있는 방법, 여행에서 코지할 수 있는 방법, 삶이 힘들 때 코지할 수 있는 방법을 소개할 것이다.

여기에는 나의 얘기도 있고 내 친구들의 경험담도 있다. 우리 모두에게 코지는 각자 다르지만 이런 수많은 이야기들 속에서 자신만의 코지를 발견하고 찾을 수 있기를 바란다.

잊지 마라! 코지의 핵심은 연결이다. 이 책에서도 부디, 당신과 연결할 수 있는 지점을 찾아 코지를 발견할 수 있길 바란다. 당신이 코지를 습득한다면 그 전과는 비교할 수 없을 정도로 인생이 즐거워진다!

목차

3부 세상과 나를 연결시키기

4부 여행 속의 코지

5부 삶이 힘들 때 나아갈 수 있는 힘

1부

당신이라는
존재

코지의 핵심은
정체성이다

코지의 핵심은 정체성이다. 코지는 나로부터 시작되기 때문이다. 평생을 살아도 자기 자신에 대해서 모를 수 있다. 하지만 이 또한 끊임없이 노력하면 알 수 있다. 무엇을 좋아하는지, 무엇을 싫어하는지, 어떤 상황에서 기분이 좋은지, 어떤 상황에서 기분이 나쁜지 나 자신에게 끊임없이 질문해라. 질문을 해도 답이 내려지지 않는다면 일단 선택하라. 경험을 해보면 내가 이것을 싫어하는지 좋아하는지 알 수 있다. 내가 싫어하는 것과 좋아하는 것의 목록이 분명해지면 우리는 분명 코지해질 수 있다. 의식적으로 삶을 싫어하는 것보다 좋아하는 것으로 채울 수 있기 때문이다. 코지는 결코 어렵고 복잡하지 않다. 내가 좋아하고 편안한 것으로부터 시작된다.

정체성은 우리의 '진정한' 모습을 의미한다. 자기 자신을 아는 것이야말로 코지의 핵심이다. 무엇이 나를 움직이게 하는가? 무엇이 내 심장을 뛰게 하는가? 세상을 어떻게 바라보는가? 그동안 어떤 삶을 살아왔는가? 어떻게 배워왔는가? 누구를 사랑하는가? 뜻밖에도 어떤 이들은 자신을 슬프게 했던 것에서 위로를 찾기도 한다.

어느 날 저녁, 파티에서 만난 여자에게 무엇에서 코지를 찾는지 물어보았다. 그녀는 스파게티 면을 돌돌 말면서 이따금 방에 혼자 남겨져 외로웠던 어린 시절 이야기를 털어놓았다. 그녀는 주로 책을 읽으며 그 시간을 보냈는데, 책을 읽던 방에는 난로가 있었고, 그 난로 위에는 금속 철망이 있었다고 했다. 동으로 도금된 반짝거리는 금속 철망은 손에 온기를 주기 충분했다. 그녀는 자신의 조그만 손가락들을 금속 철망 위에 조심스레 올려두었다고 했다. 아마도 그때부터 힘들 때면 따뜻한 금속을 잡아 자기 자신을 추스르는 습관이 생긴 것 같다고 했다. 지금 그녀는 두 아이와 행복한 결혼 생활, 그리고 언제든 만날 수 있는 주변의 친구들 덕분에 더 이상 외롭지 않지만, 언제라도 그런 상황이 오면 난로의 금속 철망에 손을 올려놓을 거라고 했다. 난로의 온기를 느끼면서 이전의 안정감을 떠올리고 싶어서일 것이다.

어릴 적 창문으로 들어왔던 빛은, 따뜻하거나 혹은 밝았거나 아주 뜨거웠을 수도 있다. 이러한 빛은 앞으로 살아가면서 우리에게 필요한 무언가가 될 수 있다. 하지만 그렇게 되기 위해서는 먼저 그 빛을 '알아채야' 한다. 코지는 아주 구체적으로 존재한다. 예를 들어, 자신이 어떤 색깔을 좋아하는가를 아는 것부터가 시작이다. 생각났는가? 어떤 색인가? 초록색이라고? 어떤 계통의 초록색 옷을 즐겨 입는가? 초록색 노트에 글을 쓰는가? 붉은색 담요보다 초록색을 좋아하는가? 초록색 펜을 쓰는가? 방을 초록색 페인트로 칠하는 건 어떤가?

자기 자신을 제대로 안다는 것은 평생에 걸쳐 풀어야 할 큰 과제이다. 결코 만만치 않은 일이다. 지금 내가 이야기하는 것은 코지를 찾기 위해서는 자신의 모든 것을 알아야 한다는 말이다. 아직 잘 모르겠다면? 자신이 어떤 사람인지, 무엇을 원하는지, 어떤 동물들과 잘 교감하는지, 침대 옆 탁자에 어떤 잡지를 두면 마음이 편해지는지 여전히 알지 못한다면? 어떻게 그렇게 내 자신을 모를 수 있지 하고 자책하라는 게 아니다. 자신을 잘 아는 것은 스스로를 발견하고, 성장시킬 수 있는 특별한 일이라고 이야기하는 것이다. 물론 자신이 무엇에 끌리는지 바로 알아채는 감각을 타고난 사람들도 있다. 이들은 다른 사람들보다 자연스러우면서도 훨씬 신속하게 자신만의 '코지'를 찾아내는 데, 이는 삶의 본질에 도달하는 길을 분명하게 알고 있기 때문이다.

어린 시절 나는 학습 장애의 일종인 난독증으로 꽤 고생했다. 누구나 쉽게 하는 것에 어려움을 겪어봤기에 나는 코지가 그리 쉽게 발견되지 않는다는 것 정도는 알고 있다. 그러나 굳게 믿는다. 자신이 누구인지 잘 모르는 사람이라도 자신만의 것을 찾아내 연마하고 향상시키다 보면 언젠가는 익숙해지고 그것에 의지할 수 있게 된다는 사실을.

너 자신을 알라

매기 프래니건은 지금까지 날 가르쳤던 사람 중 가장 뛰어난 연기 스승이다. 록 가수나 입을 법한 갈색 가죽 바지를 즐겨 입는 그녀는 체구가 아주 작지만 영화배우 샘 셰퍼드만큼이나 열성적이면서 엄격한 훈련 교관이었다. 애비뉴 3번가에 있는 2층 스튜디오에서 지휘자가 연주에 반응하는 것처럼 매기는 우리가 연기하는 모든 장면을 온몸으로 들었다. 듣는 게 아니라 장면을 본 거겠지, 라고 생각하겠지만 매기는 분명히 '들었다'. 내 기억으로는 아주 마음에 드는 장면이 나올 때 고개를 살짝 들기도 했지만, 대부분 눈을 감고 고개를 숙인 채 이리저리 흔들었다. 그녀의 귀는 '진짜'를 찾아낼 만큼 숙련되어 있었는데, 혹시라도 음이 조금 엇나가면 마치 버릇 나쁜 개의 행동을 교정하는 것처럼 가차 없었다.

매기의 좌우명은 '매 순간 있는 그대로 솔직하게 살자'였다. 그녀는 아주 직설적으로 말했다. 상대에 대한 미안한 기색 없이 거침없었다. 아주 드물긴 하지만 잘했다는 생각이 들면 칭찬도 아끼지 않았다. 그럴 땐 마치 오스카상이라도 받은 기분이 들었다.

매기에게 무생물에 의미를 부여하는 감정이입 방법을 배웠다. 배우가 가상의 세계를 실제인 것처럼 연기하기 위해서는 작품에 등장하는 소품에 어떤 사실이나 정확한 감정을 불어넣어야 한다. 그렇지 않으면 그것은 그 자체로밖에 존재하지 않는다. 매기는 약사가 약을 조제하는 것처럼 아주 정확하게 그 방법을 가르쳤다.

한 번은 〈로 & 오더 Law & Order〉라는 TV 드라마에서 살인자 역을 맡은 적이 있다. 법정에서 지방 검사가 가방 속에서 소품인 칼을 증거로 꺼내는 장면이 있었다. 나는 실제 살인자가 아니었기 때문에 소품인 칼을 보는 것만으로는 어떤 감정도 일어나지 않았다. 그 소품용 칼에 감정을 이입해야만 했다. 스스로에게 물었다. 만일 이게 실제 상황이라면? 저 칼에 내 동생이 살해당했다면? 바로 그거였다. 그렇게 상상하는 그 순간, 내 감정은 실제로 살아 움직였다. 카메라가 돌지 않을 때조차 그 칼만 떠올려도 눈이 퉁퉁 붓도록 오열했다.

인생도 마찬가지다. 한번 생각해보라. 누군가가 당신에게 "사랑해요"라고 말한다면 기분은 좋겠지만 "당신의 롱아일랜드 억양을 사랑해요"라는 말을 들었을 때만큼은 아닐 것이다. 매기는 구체적인 것에 단련되는 게 중요하다는 것을, 자기 자신을 아는 일이 늘 그리 자연스럽게 이뤄지지 않는다는 것을 알고 있었기에 그런 연습을 할 수 있도록 훈련시켰다.

그리고 바로 이게 우리가 할 일이다. 목적지가 은행이든 직장이든 아이스크림을 사러 가는 길이든 상관없다. 도착할 때까지 눈앞에 지나치는 모든 것에 천천히 질문을 던져보자. '이건 어때?' '마음에 들어?' '별로야?' '근데, 왜 이게 좋은데?' '왜 싫은 거야?' '길가의 갈라진 틈을 보면 좋아. 그런데 그 사이에 잡초가 삐져나와 있으면 생명이 무시되는 것 같아서 싫어'. 이렇게 좋은 것과 싫은 것에 대해 질문하고 답하면서 생각을 다양하게 해보자. 그리고 확고하게 정리해보자. 이런 과정을 계속하다 보면 어느 순간 익숙해져서 세상의 일부에서 나를 발견한 것 같은 황홀한 기분을 느끼게 될 것이다.

일단 선택하라

코지를 찾는 또 다른 과정이 있다. 자기가 좋아하는 것이 무엇인지 전혀 알 수 없거나 자기가 끌리는 것이 무엇인지 찾는 데 별 관심이 없다면 이 상황을 해결해야 한다.

우선 무엇이든 선택해보자. 눈을 감고 이렇게 생각해보자. 내가 완전히 빠져서 수집하고 싶은 색상이나 꽃이 있는가? 혹은 나와 동일시하는 동물이나 식물은? 아니면 다른 특별한 느낌을 갖고 싶지는 않은가? 내가 어울리고 싶어 하는 사람은?

열세 살 때 같은 학교에 다녔던 나보다 나이가 많은 여자아이가 있었는데, 남자친구가 자기가 가장 좋아하는 꽃이 은방울꽃이라는 걸 단번에 알아채고 그 꽃을 줬다며 떠벌리고 다녔다. 어렸던 나는 그 말에 감동 받아 '그래, 언젠가 나도 내가 원하는 꽃을 받는 사람이 될 거야'라고 생각했다.

남편은 내게 꽃을 주었다. 그 꽃은 모퉁이 작은 가게에서 산 아주 커다란 흰색 카사블랑카백합이었다. 우리는 결국 사랑의 결실을 맺게 되었다. 압도당할 만큼 풍부하고 진한 꽃향기는 "안녕! 나 여기 있어!"라고 말하는 것처럼 친근하게 느껴졌다. 어떤 꽃을 좋아하는지 몰라도 괜찮다. 노란 장미, 치자꽃, 데이지 뭐가 됐든 상관없다. 그게 뭐든 당신이 행복하면 된다. 그럼 됐다!

미국 TV 드라마 〈매드 맨Mad man〉의 주인공 돈 드레이퍼가 올드패션드 칵테일을 즐겨 마셨던 것처럼, 자신만의 시그니처 칵테일이 있을 수도 있다. 주인공만큼 마시면 안 되겠지만 뭐니 뭐니 해도 그 칵테일은 돈 드레이퍼의 상징이라 할 수 있다.

우리 부모님은 약혼하실 때 서로 숟가락을 주고받았다. 이 생뚱맞은 이벤트를 계기로 숟가락은 우리 집안에서 가정, 애정, 결합을 의미하는 상징으로 사랑과 행운의 부적처럼 전해지고 있다. 두 분은 젊은 사람들이 약혼할 때 선물로 숟가락을 주시는데, 이 평범하면서도 오래된 물건은 부모님이 반백 년 동안 맺어온 관계를 의미하고 있다고 할 수 있다. 숟가락이 두 분의 영혼을 보여주는 일종의 '물질적 표상'임을 깨달은 것은 하루아침에 이뤄진 일이 아니다. 두 분에게 숟가락은 누군가를 사랑하고 인생의 반려자를 찾아 결혼이라는 새로운 출발을 약속하는 의미이다.

난 항상 '숟가락'을 찾아다녔다. 세상에 널린 게 숟가락이라 얼마나 다행인지 모른다. 손이 닿을 만한 높이에 달려 있어 언제라도 슬그머니 따서 먹을 수 있는 과일처럼 숟가락은 일상 속에서 쉽게 찾을 수 있다. 어찌할 바를 모르고 크게 상실감에 빠져 있을 때 숟가락을 잡고 있는 것만으로도 마음의 위안이 된다.

역에서 기차를 타고 도시로 들어오는 순간, 자신과 무언가가 연결되어 있다는 것을 느끼는 사람도 있다. 브라운대학에 다니던 남자친구를 보기 위해 프로비던스에 간 적이 있다. 힘들게 기어 올라가다시피 한 칼리지 힐은 마음을 사로잡았다. 피 끓는 젊은 시절의 연애 감정이 깃든 곳이기에 더 그랬을 수도 있지만, 자갈길을 따라 콜로니얼 하우스가 가지런히 자리잡고 있고, 맛있는 샌드위치 가게 뮤트 앤 제프스, 그리고 다양한 대학들이 모여 있어 절로 배움의 욕구가 일어났다. 결국 나는 그곳에 있는 로드아일랜드 디자인 학교 스튜디오에 들어가 꼬박 여덟 시간 동안 드로잉 작업을 했다.

처음에는 그곳이 젊은 시절 사랑의 추억이 깃든 곳이기에 편안함을 느꼈다면, 이후에는 그 이상의 무언가로 한층 절절한 감정이 느껴졌다. 때로는 환경이나 상황 그 자체에 특별한 편안함을 느끼기도 한다. 시간이 지나고 상황이 바뀌더라도 그때 그 마음은 여전히 남아 있다.

자신의 삶에 이러한 세밀한 것을 잘 녹여낼 수 있는 사람은 다른 이보다 성숙하거나 남다른 데가 있기에 코지가 뭐 그리 대단하냐고 말할 수도 있다. 내가 말하고 싶은 것은 누구나 이런 생각을 할 수 있으며, 누구에게나 저마다 좋아하는 것이 있다는 사실이다.

의지할 만한 도구를 만들어라

우리 주변에서 쉽게 찾아볼 수 있는 연필은 견고하면서도 친숙하고 의지할 만한 도구다. 연필은 다음과 같이 사용할 수 있다. 목록 작성, 긁적이기, 수학 문제 풀기, 책 가장자리에 필기하기, 그림 그리기, 요리 레시피 정리, 점수 매기기, 종류별(가는, 중간, 두꺼운)로 선 긋기, 달력에 표시하기, 예산 정리, 경기나 게임 점

수 매기기 등 다양하다. 책상에 그냥 두기도 한다. 그냥 바라보고 있어도 마음이 편해진다. 연필은 우리에게 특별한 말을 건네는 듯하다. '뭐든 해봐. 내가 도와줄게.'

　나무로 만들어진 연필은 잡거나 입에 물면 부드럽고 따뜻한 느낌이 든다. 연필을 계속 씹어대지는 않나? 아니면 바로 뱉어버리는가? 어떤 연필에는 학교 이름이 새겨져 있어 겸손한 예비생들이 학교에 대한 자부심을 표현하는 수단이 되기도 한다. 연필 깎기의 종류도 다양하다. 어떤 것은 크기가 작아 주머니에 넣어 다닐 수도 있다. 무거운 전자용 연필 깎기도 있고 손잡이를 돌려 연필을 깎는 수동형도 있다. 다양한 종류의 연필심이 나와 있어서 개인의 취향에 따라 고를 수 있다.

　잘 안다고 생각하는 사람에게 단 한 번이라도 어떤 연필을 좋아하냐고 물어본 적이 있는가? 이런 단순한 질문을 던지는 것만으로도 그에 대해 많은 것을 알 수 있다. 우리 집 위층에 사는 이웃은 두꺼운 나무 연필을 좋아한다. 어렸을 적에 엄마가 연필을 깎아주면 들려왔던 사각거리는 소리가 기억에 남는다고 했다. 그래서 아직도 생각이 많아지거나 불안이 엄습할 때면 연필을 깎는다고 했다. 사각거리는 소리가 어렸을 때 느꼈던 엄마의 따뜻함을 떠올리게 한다고 했다.

　연필은 다양하게 사용된다. 귀 뒤나 말총머리에 꽂기도 한다. 웨이트리스로 일했을 때도 연필은 내게 특별한 물건이었다.

우리 집에는 길이와 연필심 종류에 따라 100여 자루의 연필이 있다. 연필은 나에게 일상생활의 일부분이지만, 컴퓨터 세대인 요즘 사람들에게 연필은 단지 어린 시절이나 학창 시절에 썼던 물건일 뿐일 수 있다.

연필연구회에 대해 들어봤는가? 연필연구회 입회서에는 연필과 관련된 에세이를 작성하는 란이 있다. 신청자들은 입회서에 자신의 삶에 연필이 어떤 영향을 미쳤는지 자세히 적는다. 물론 연필로 써야 한다. 어떤 이는 타이콘데로가 #2의 가장 뾰족한 심으로 복잡한 수학 문제를 지우개도 쓰지 않고 후다닥 풀었다고 했다. 이는 그의 막강한 두뇌와 연필의 합동 작전이라고 할 수있다. 또 다른 신청자는 연필이 상상력을 자유자재로 펼칠 수 있도록 도와줬다고 했다. 뭔가가 떠오르지 않을 때면 지우개는 바로 옆에 딱 붙어서 항상 대기 상태였다. 지우개가 창의적인 일을 할 수 있도록 연필을 도왔다. 건축가에게 연필은 디자인할 때 없어서는 안 되는 물건이다. 연필 연구회 신청자가 쓴 글을 하나 소개한다.

제 생일은 8월 25일이고, 1950년대에 학교를 다녔어요. 생일 선물은 으레 새 옷이나 필통이었지요. 옷은 어떤 것이었는지 잘 기억나지 않지만, 필통은 아주 또렷하게 기억나요. 딸까닥 하며 닫히는 소리가 나고 빳빳한 마분지 뚜껑이 달려 있었지요. 뚜껑을 열면 여러 개의 칸으로 나뉘어져 있었는데, 연필용 긴 칸과 지우개와 크레용 따위를 넣는 짧은 칸이 있었어요. 안이 더 깊은 연필 칸은 옆으로 연필을 뺄 수 있도록 얕은 칸이 구성되어 있었죠. 완전 최고급 필통이었어요. 저는 그 필통이 참 좋았어요. 필통만 꽉 채우면 학교에 갈 만반의 준비가 된 것 같았지요.

아래는 연필연구회 입회서다. 재미 삼아 한번 채워보는 것도 나쁘지 않을 것이다.

연필연구회 입회서

이름 _____

이메일 주소 및 연락처 _____

연필연구회가 회원 자격을 결정하기 위한 다음 몇 가지의 질문에 답하라. 연필로 작성하는 것은 필수다.

당신이 좋아하는 연필 브랜드는 무엇인가?

○ 블랙윙

○ 딕슨 티콘데로가

○ 톰보

○ 파버 카스텔

○ 기타 _____

연필심 굵기는 어느 정도를 선호하는가?

○ #1

○ #2

○ #3

선호하는 연필의 사이즈는 무엇인가?

○ 굵은

○ 보통

○ 가는

○ 짧은

어떤 색상의 연필을 좋아하는가?

○ 노란색

○ 검정색

○ 흰색

○ 기타 _____

색연필을 사용하는가? 만약 그렇다면 어떤 색깔을 좋아하는가?

_____

지우개가 달린 연필을 사용하는가?

○ 그렇다

○ 아니다

만약 그렇다면 어떤 종류의 지우개를 선호하는가?

○ 연필에 달린 둥근 지우개

○ 뗄 수 있는 지우개

○ 기타 _____

평소에 집에서는 지우개를 어디에 보관하는가?

_____

어떤 종류의 연필깎이를 사용하는가?

○ 전동 연필깎이

○ 배터리 연필깎이

○ 수동 연필깎이

○ 책상용 소형 수동 연필깎이

가능하면 상표명을 기재하라.

_____

집에서 연필깎이를 어디에 두는가?

_____

샤프펜슬을 사용하는가?

○ 그렇다

○ 아니다

만약 그렇다면 어떤 브랜드를 사용하는가?

_____

좋아하는 연필 가게가 어디인가?

_____

서재에 헨리 페트로스키의 저서 『연필The Pencil』이 있는가?

○ 그렇다

○ 아니다

만약 그렇다면 책은 하드커버인가, 페이퍼백인가?

_____

그 유명한 콩코드 가문이 소유했던 연필 회사는 무엇인가?

_____

입회서 뒷면에 다음과 같은 주제로 짧은 글을 써보라.

'연필과 관련된 자전적 이야기, 연필에 관한 기억, 나만의 연필

사용법'

_____

나의 역사를 알아야
코지할 수 있다

당신은 어디서 태어났는가? 어떻게 자라왔는가? 당신의 부모는 어떤 사람인가? 자신의 역사를 파헤치는 것은 코지할 수 있는 방법을 알아내는 가장 빠른 방법이다. 우리는 저마다의 기억을 가지고 살아간다. 유년 시절 따뜻한 기억은 무엇인가? 어떤 음식 혹은 어떤 물건으로부터 좋은 기억이 생겨났는가? 아주 작고 사소한 기억들을 불러와라. 바깥세상과 작고 사소한 기억을 연결시켜라. 우리는 혼자 고립되어 있다고 여겨졌을 때 불안감을 느낀다. 바깥세상과 당신의 따뜻한 기억을 연결할 수 있다면 코지할 수 있다!

당신은 어디에서 왔나요?

자기 자신을 아는 가장 확실한 방법은 한 개인의 역사 혹은 인류 전체의 역사를 살펴보는 것이다. 물론, 역사 속에는 어둡고 암울하고 슬프고 미스터리한 인간의 심리가 복잡하게 얽히고설

켜 있어 쉽게 접근할 수 있는 문제는 아니다. 어떤 때는 무엇이 사실이고 아닌지 정확히 알지 못할 때도 있다. 우리의 존재가 어디서부터 시작되었는가에 대해 먼저 이야기하면 다소 복잡할 수도 있으니 좀 더 편하게 접근할 수 있는 콩 이야기부터 시작해보겠다.

뉴욕 97번가 시장에는 범상치 않은 상인이 한 명 있다. 그는 집안 대대로 물려받은 씨앗으로 콩을 길러 나무 바구니에 한가득 쌓아놓고 판다. 갈색 콩, 강낭콩, 넝쿨강낭콩, 검고 흰 갖가지 색깔의 콩이 섞여 있어 원하는 콩을 고르려면 장갑을 벗고 손으로 직접 솎아내야 한다. 넝쿨강낭콩을 찾아 뒤적거리고 있다 보면 접이식 테이블 맞은편에 서 있던 상인이 자식 이야기를 하듯 콩의 역사를 자랑스럽게 늘어놓는다.

"적화강낭콩에 적힌 표시를 확인해보세요. 올해 아주 잘 자랐어요. 그나저나 이 콩들이 1700년대부터 전해져왔다는 사실을 알고 있나요?"

콩의 계보를 듣는 것은 무엇보다 가치 있는 경험이었다. 느닷없는 말 같지만, 나는 단순히 그냥 콩이 아니라 빛나는 '역사'가 있는 콩을 고르고 있었던 것이다.

뉴욕 주 북부에 위치한 상인의 농가에서 이 콩의 '조상'이 재배되어 알맨조 와일더Almanzo Wilder(1857~1949, 소설 『초원의 집』으로 유명한 작가 로라 와일더의 남편―역자 주)에게 팔렸을 수도 있다. 뉴욕 주 북부 출신인 알맨조 와일더의 어린 시절 이야기를 담은 소설 『파머 보이Farmer Boy』에는 콩에 대한 이야기가 계속 나온다. 분명, 작가는 콩에 대한 특별한 기억을 갖고 있을 것이다.

세계사를 공부하다 보면 과거에서 현재의 모습을 발견할 수 있다. 현재는 과거의 미래였고 미래의 과거이다. 다시 말해 과거와 현재와 미래는 접점을 가지고 연결되어 있다. 역사는 우리가 전혀 알지 못했던 과거의 어느 날과 장소와 사람들을 하나로 연결시키는 통로다. 몇백 년 전이나 그보다 오래된 시대를 돌아보면서 현재 우리의 모습을 찬찬히 들여다볼 수 있다.

박물관을 떠올려보자. 그곳에는 뭔가 편안한 게 있다. 비극적인 참상을 재현한 피카소의 〈게르니카Guernica〉 같은 작품에서조차 그렇다. 고대 이라크의 인공물, 중세 시대의 태피스트리, 세잔의 그림 속에 담긴 의미들을 모를지라도 그 속에서 인간에 대한 애정을 느낄 수 있다. 그림 옆에 붙어 있는 작품 설명을 보면 좀 더 깊이 이해할 수도 있지만, 전남편이 아이들과 박물관에 갔을 때 했던 말처럼, 작품을 있는 그대로 흡수하고 받아들이는 것이 더 좋다. 무언가 역사와 스토리가 있는 것은 우리에게 편안한 감정을 불러일으키고 특별한 순간을 선사한다.

입양된 사람들의 혈육을 찾아주는 TV 프로그램 〈23앤미23 and me〉를 본 적 있는가? 평생 처음 만난 여동생, 조카, 이복 형제자매들이 얼굴과 손, 발 온몸 구석구석을 뜯어보다가 마침내 서로 닮은 구석을 찾아내는 장면을 보면 감동적이어서 눈물을 멈출 수 없다. 화면 속 사람들은 잃어버린 조각을 찾아 퍼즐을 완성한 것 같은 느낌이라고 얘기했다.

아이를 입양한 친구가 가족이 된 아이들에 대해 말한 적이 있다. 자신의 아빠가 매일 직접 아이를 낳지 않고 입양을 한 이유에 대해 물어 괴롭다고 했다. 친구는 아이와 가족이 된 느낌을 "파고든다"라고 표현했다. 친구는 우리가 어떻게 서로 가족으로 연결되어 있는지, 사람들이 어떻게 가족으로 만나서 함께 사는지 묻는 아이의 질문에 "누군가가 의지할 만한 사람이 된다는 것은 삶에 있어서 큰 위안이 된다고 답했어"라고 담담하게 이야기했다. 그 친구는 몇 년이 지났는데도 아이가 올 때 타고 온 비행기표를 여전히 간직하고 있다고 했다. 아이가 그 비행기표를 자신과의 연결고리로 생각하는 것 같다고 덧붙였다. 어떻게 연결되었는지 아는 것, 나의 뿌리를 아는 것은 삶의 안정감을 갖는 데 중요한 역할을 한다.

나는 평생 동안 내 가족의 혈통이 스코틀랜드라고 믿어왔다. 그런 내게 유전자 검사는 왠지 꺼려지는 일 중 하나였다. 나의 조상 중 몇 명이 초창기 미국에 건너와 이곳에 터를 잡았다고 알고 있었다. 사람들이 TV 프로그램 〈더 보이스The Voice〉나 드라마 〈왕좌의 게임Game of Thrones〉에 푹 빠져 있는 것처럼 나는 PBS에서 방영하는 리얼리티 프로그램 시리즈 〈콜로니얼 하우스Colonial House〉라면 사족을 못 쓴다.

나에게 있어 코지는 영국 제도의 험준한 땅에서 시작된다. 내가 안정감을 느끼는 것들을 꼽아보면 영국 왕실 가문, 스콘, 완두콩이 들어 있는 생선 파이, 스코틀랜드 하이랜드 지방과 관습, 영화 〈브레이브 하트Braveheart〉, 〈더 그레이트 브리티시 베이킹 쇼The Great British Baking Show〉, 트럭 운전사들이 마시는 차, 양, 비, 안개, 소설 『폭풍의 언덕Wuthering Heights』, 보리, 튜더 왕조, 타탄 무늬, 그리고 형편없는 날씨에 터벅터벅 길을 걷는 것 등이 있다. 이 단면들은 내 정체성이 어떻게 형성되었는가를 보여준다. 나의 일상에서 영국을 예찬하는 모습이 많이 보이는 본질적인 이유이기도 하다. 〈더 그레이트 브리티시 베이킹 쇼The Great British Baking Show〉는 내게 있어 따뜻한 진정제 같다. 아무리 힘든 날이라도 이 프로그램을 보기만 하면 저절로 잠이 온다. 그냥 프로그램 주제곡만 떠올려도 마음이 편해진다.

영국에 대한 나의 애정은 얼마든지 줄줄 읊을 수 있다. 매일 아침 누군가가 그리워서 먹먹해진 가슴으로 아침에 깨어날 때 창밖에서 스코틀랜드 사람이 연주하는 백파이프 소리가 들렸으면 좋겠다(영국 엘리자베스 2세 여왕에게는 일상이지만 말이다. 진정하자! 그분은 여왕이니까).

제인 오스틴이 울로 만든 숄을 몸에 두르고 창가에서 『센스 앤 센스빌리티Sense and Sensibility』의 마리엔과 엘리노의 사랑에 관해 고통스럽게 글을 쓰는 모습을 보고 나는 글을 쓰기로 결심했다.

나의 정체성은 조상들이 겪은 고통과 문화적인 특성에 치우쳐 있다. 만일 내가 유전자 검사를 받았는데 스코틀랜드의 자손이 아니라는 결과가 나온다면 엄청난 충격을 받을 것 같다. 그러나 한편으로는 나의 조상이 영국인이 아니라는 사실을 알게 된다면 잠깐 상실감에 빠졌다가 바로 스코틀랜드 아가일 체크 양말을 신고 내가 진짜 어디에서 왔는지 알아보기 위해 본격적으로 찾아 나설 것 같기도 하다. 언제나 그렇듯 모르는 것보다 아는 것이 훨씬 나으니까.

어쨌든 나는 결국 유전자 검사를 받았고, 그 결과 스칸디나비아 혈통이 많이 섞였다는 사실을 알게 되었다. 이 사실에 조금 당황스럽기는 했지만, 두근거리는 마음으로 아버지를 찾아갔다. 뼛속까지 자신이 스코틀랜드인이라고 자부하던 아버지가 이 묘한 결과에 흥미로워할 수도 있겠다 싶었다. 그러나 아버지는 "바이킹에 대해 듣지도 못했니? 진격!"이라고 말씀하셨다.

코지를 위한 과정은 자신의 마음을 들여다보는 것이다. 나에 대해 무엇을 알게 되든 궁극적으로 그것은 코지에 도움이 된다. 우리 스스로를 자유롭게 함으로써 진정한 자신을 받아들이고 소중히 여기게 된다. 다들 자신의 발자취를 찾으러 가보자!

당신은 어떻게 자라왔나요?

당신은 어떻게 자랐는가? 부모, 삼촌, 조부모님 밑에서 자랐는가? 도시에서 자랐는가, 아니면 시골에서 자랐는가? 당신이 뭐라 답하든 상관없다. 당신이 자라면서 겪었던 일들은 다른 그무엇보다 당신이 어떤 사람인가를 보여준다.

모든 부모가 완벽할 수는 없다. 그리고 언제나 따뜻하게만 아이를 대하진 않는다. 하지만 부모가 베풀었던 그 모든 것에 코지가 있다.

호락호락하지 않은 세상에서 코지한 상황을 만나기란 쉽지 않은 일이다. 더군다나 주변 상황이 늘 편한 것도 아니다. 그래도 괜찮다. 자신을 잘 다스리는 방법만 안다면 말이다. 우리가 자라온 방식이나 우리가 아이를 키우는 방식이 마음에 들지 않을 수도 있다. 하지만 우리가 지닌 장점을 활용하는 법을 알아야 한다. 복잡할지언정 익숙한 것에 편안함을 느끼는 마음을 그냥 지나치면 안 된다.

앞서 말했듯, 나는 어렸을 때 학습장애로 꽤 고생을 했다. 지금은 마음을 편안하게 만드는 몇 가지 기준을 습득했지만, 당시 내 머릿속은 엄청나게 많은 것들이 휘젓고 다니는 통에 몹시 힘들었다. 고등학교를 졸업하기 전까지 나는 숙제를 거의 할 수 없었다. 모든 과제가 외계어로 적힌 것처럼 보였다. 당황스러운 나머지 한동안은 다른 사람들에게 계속 도움을 요청하다가 그마저도 그만뒀다. 친구들은 술술 해오는 숙제를 나만 하지 못한다는 자괴감에 빠져 딴 세상 사람처럼 스스로를 고립시켰다.

가끔은 마룻바닥이 내가 가진 유일한 것처럼 느껴졌다. 그래서 나는 마룻바닥만 보면 시도때도 없이 벌렁 드러누웠다. 그런 내 모습을 지켜보는 엄마의 마음이 얼마나 답답하고 아팠을까 생각하면 마음이 무겁다. 당시 엄마와 나는 어떻게 해야 할지 둘 다 잘 몰랐다. 그냥 악을 쓰고 소리를 질러대면서 서로 상처를 주고받았다. 하지만 엄마와 나는 결국 그 모든 것을 이겨냈다. 이제 햇볕으로 따뜻하게 데워진 나무 바닥은 내게 있어 일종의 도피처다. 나는 불확실한 상황들과 대면했을 때 마루를 찾는다. 그리고 마루는 늘 그곳에 있다.

나의 큰아들 역시 학습장애를 앓고 있다. 이전에 비슷한 경험을 했기 때문에 이 문제에 잘 대처할 수 있을 거라고 생각하겠지만 사실은 그 반대다. 아이가 학습장애로 힘들어할 때 오히려 나는 더 아이를 이해하지 못했다. 공감하기보다는 짜증이 나서 깊이 생각할 수 없었다. 엄마가 걱정했던 것들을 나 역시 걱정했다. 힘들어하는 아이를 보면서 참지 못하고 답답해했고, 아이가 겪는 고통의 원인이 나인 것 같아 나 자신을 비난했다. 그리고는 아이에게 전혀 공감하지 못하던 나 자신에게 실망했다.

내가 공감을 하지 못했을 때 아이는 어디에서 마음의 위안을 찾았을까? 아이의 침실에 있는 울 소재의 베르베르 러그에서? 공부방 건조기에서 나는 빨래 돌아가는 소리? 아니면 아이가 항상 손가락에 끼고 돌리던 요요에서? 잘 모르겠다. 아마 아이도 잘 모를 것이다. 부끄럽게도 아이는 엄마인 내가 아니라 아주 작은 사소한 것들에서 편안함을 느꼈다.

내가 어떻게 자라왔는지 알기 위해 양파 껍질을 벗기듯 나 자신을 한 겹 한 겹 파헤치다 보면, 낯선 것들을 기꺼이 받아들였던 우리 부모님이 떠오른다. 인생을 오래 살지 않은 나는 코지와 바깥세상의 관계를 제대로 들여다보지 못했지만, 엄마는 바깥세상에서의 무언가와 코지를 연결할 줄 아셨다. 동네를 그냥 지날 때조차도 수달이 자기 새끼에게 수영을 가르치듯 엄마는 무엇이 코지한 것인지를 연신 알려줬다. "비옷을 걸 수 있는 옷걸이가 있는 저 레스토랑, 코지하지 않니?" "한데 모여 누워 있는 저 소 떼 좀 보렴. 그거 아니? 소가 누우면 곧 비가 온다는 뜻이야." 운전하면서도 엄마는 내 팔꿈치를 가볍게 치며 당신이 코지하다고 느끼는 모든 것들에 대해 말씀해주셨다. 우리가 코지하다고 생각하는 것이 무엇인지 좀 더 깊이 들어가보면 대부분 인격이 형성되면서 겪은 일에서 비롯됐다는 것을 알 수 있다. 누군가가 당신을 어떻게 돌봤느냐에 따라 당신이 자기 자신을 돌보는 방식이 형성된다.

코지를 알기에 늦은 시간은 없다. 지금은 돌아가신 엄마의 친구가 어릴 적에 이렇게 말씀하셨던 게 기억난다. "난 대학 때 남자친구 어머니가 가르쳐주기 전까지는 코지에 대해 전혀 생각해본 적이 없는데, 지금은 내 친구가 딸에게 코지에 대해 이야기하는 걸 보고 있구나."

엄마는 세상의 일부와 연결되어 있어 보였다. 어쩌면 정말 그랬는지도 모른다. 유대인들은 현관에 메이즈자mezuzah를 놓는다. 작은 관처럼 생긴 이 통 안에는 히브리어로 유대교 율법인 토라Torah를 적어놓은 양피지 두루마리가 들어 있다. 부모님이 45년 동안 사신 아파트 문기둥에는 메이즈자가 붙어 있었는데, 이전에 살던 가족들의 것이었다. 엄마는 그것을 떼지 않고 그대로 두셨다. 우리가 그게 뭐냐고 물었을 때 엄마는 이렇게 말씀하셨다.

"우리가 살기 전, 이곳에 살던 사람들의 물건이야. 유대인 기도문이지. 이건 그 가족들을 보살펴줬어. 이제 우리 가족을 보살펴줄 거야. 우리가 이 집에서 떠날 때 고맙다는 인사를 할 수 있게 말이야."

다양한 바깥세상과 자신을 연결시켜라

우리의 삶에 다른 사람들의 정체성을 포함시키는 것을 주제로 글을 쓰고 있을 무렵, 불현듯 문화적 전용이라는 거친 파도 속에서 노를 저으려는 것은 아닌지 조금 걱정됐다. 그렇게까지는 하고 싶지 않았다. 내가 이 주제에 대해 조금 혼란스러웠던 것은 다른 사람들의 세계를 경험해보는 데서 코지를 느낄 수 있다는 것 때문이었다. 때로 그 세계관은 우리의 것이 될 수도 있다. 우리의 진짜 모습은 고정되어 있는 것이 아니다. 점점 변화하는 세상 속에서 자신의 것을 만들어가면서 바깥세상과 공명을 일으키기도 한다.

배우는 과정에는 수많은 코지가 존재한다. 다른 사람들과 그들의 관점과 문화, 의견, 독자성(특수성)을 이해하는 것은 코지하다. 공동체를 통해 개인의 정체성이 향상되기 때문이다. 다른 사람들과 자신을 동일시할 때 그들과 연결되어 있는 기분이 들고, 그들의 것은 결국 우리의 것이 된다.

초등학교 1학년 때 엄마는 나를 데리고 인도 재봉사에게 가서 인도에 대해 발표할 때 입으라고 인도의 전통 옷 사리^{sari}를 맞춰주셨다. 나는 거미줄에 돌돌 휘감긴 파리처럼 보석이 박힌 천에 온몸이 휩싸였다. 뉴욕은 이민자로 넘쳐나는 곳이어서 수십 가지 다양한 문화를 쉽게 접할 수 있다. 다른 사람들의 정체성에 푹 빠져보는 건 나쁜 일이 아니다.

어렸을 때 다녔던 학교는 요크빌과 가까웠다. 호밀 흑빵이나 블랙 포레스트 케이크를 사기 위해 빵집 몇 군데를 다니다 보면 쉽게 독일어를 들을 수 있었다. 내가 살던 어퍼 웨스트 사이드는 유대, 도미니카, 러시아 등 다양한 문화들이 섞여 있어 활기가 넘치는 곳이었다. 그 누구도 이방인으로 보이지 않았다. 다양한 언어와 관습, 옷이 들락날락거려도 그 누구도 고개를 돌려보지 않을 만큼 특별하지 않았다. 하지만 이렇게 문화가 다양하게 엉켜 있다 보면 서로 다르기 때문에 부딪칠 수 있는 여지가 많다. 다른 사람들의 감정을 상하게 하거나 무심코 불쾌하게 만들 가능성이 많다. 이런 점을 염두에 두고 조심스럽게 노를 저어야 한다. 나와 재혼한 남편은 유대인이지만 나는 아니다. 그러나 결혼한 지 10년이 지난 지금, 난 유대인이 다 되었다.

코지에 있어 역사가 핵심적인 것이지만 이것은 결코 정해져 있는 것만은 아니다. 유산, 종교, 정체성 역시 '빌려올' 수 있다. 미국 같은 이민자의 나라에서는 특히 더 그렇다. 다른 사람들의 생활 방식을 그대로 흡수하는 것은 불가능하다. 그러나 그 사람들과 그들의 방식을 학습하는 것은 우리의 정체성을 강화시킬 뿐 아니라 다른 누군가에게 물려줄 수 있는 것이 생기기도 한다. 더군다나 내가 누구인가를 정확히 이야기할 수 없다면 눈과 마음을 더 열어둘 필요가 있다.

누군가의 문화와 생활 방식을 자신의 것과 통합하는 것은 결코 쉽지 않은 일이다. 많은 노력이 필요하다. 우리는 자신에게 친숙한 전통이나 편안한 '안전 구역'에서 모든 것을 다 해결하려는 경향이 있다. 사람들은 자신과 다른 생활 방식을 가진 사람들을 경계하라고 배워왔다. 로미오와 줄리엣을 생각해보라. 이런 예는 수없이 많다. 이는 모르는 것에 대한 두려움이 만연해 있다는 증거이다. 물론 이해할 수 있다. 하지만 우리는 이런 것들이 얼마나 심각한 문제를 일으켰는지 쉽게 확인할 수 있다. 다름은 어디에나 존재한다. 이 문제를 어떻게 다뤄야 할까? 어떻게 이 다름을 깊은 연대감으로 바꿔놓을 수 있을까?

지금의 남편 피터와 사랑에 빠져 결혼을 결심했을 무렵, 우리는 종교도 달랐지만 자라온 환경 또한 너무나 달랐다. 다름과 차이에 대한 수많은 책과 영화가 있지만, 실제로 부닥치면 훨씬 더 힘들게 마련이다. 서로 비슷하고 공통점이 있는 편이 훨씬 수월하다. 내 전남편은 프랑스어를 쓰는 여자와 재혼했는데, 새로운 언어를 배워 지금은 원활하게 의사소통을 한다. 언어를 하나 더 익히는 것이라고 생각할 수 있겠지만 그보다 훨씬 더 큰 의미를 담고 있다.

얼마 전에 친구와 이 문제를 두고 이야기한 적이 있다. "시댁 가족이 웃어른들과 가까이 지내는 것을 보고 코지하다고 생각했어. 그런 문화에 익숙해지는 데 시간이 꽤 걸렸지. 나이가 들어서도 웃어른을 공경하고 애정을 표현하는 것 말이야. 우리 할아버지나 할머니는 손을 잡아드리거나 만지려고 하면 못하게 하셨거든. 오랫동안 그런 문화에서 살아왔는데, 시간이 지나고 보니 내가 남편의 방식을 그대로 따라 하고 있더라고."

내가 피터와 결혼하기까지는 수많은 어려움을 이겨내야 했다. 유대인인 피터와 나는 문화가 달라서 맞춰가야 할 게 많았다. 이런 문화적 충돌을 어떻게 코지하게 만들 수 있을까?

이틀 전 전야 예배를 드리던 때, 나는 하나님께 영국 성공회 교도나 유대인이나 다 구원받을 수 있는지 물었다. 그는 그렇다고 답했다(화내지 마라. 무의식적으로 난 하나님이 남자라고 생각했다. 어쩔 수 없다. 이건 분명 미켈란젤로의 실수). 이미 성공회 교도로 세례 받은 어린 두 아들이 있는 내가 유대교로 전향하고 싶었던 것은 아니다. 어쨌든 재혼 가정을 꾸렸으니 모든 것을 있는 그대로 받아들이는 방법을 찾아야겠다고 생각했다. 받아들이는 것이야말로 코지를 찾을 수 있는 명확한 방법이다.

약혼했을 때, 피터와 나는 서점이 있는 길을 걸어가다가 유대인 요리책 두서너 권을 샀다. 한 책은 클루디어 로덴의 유대인 문화 역사 백과사전을 방불케 하는 매우 학문적인 내용이었다. 솔직히 말해 그 책에 나오는 요리 중 만들어본 것은 겨우 다섯 가지 정도에 불과하지만 지난 12년 동안 나는 이 책을 곁에 두고 즐겨 보고 있다. 유대인의 연휴가 몰려 있는 가을에는 건질 만한 게 있나 싶어 늘 침대 옆 테이블 위에 놓아두고 수시로 들춰본다.

남편의 가족들은 그의 결혼의 마지막 퍼즐 조각이 아시케나지^{Ashkenazi}(디아스포라 역사에서 유럽에 퍼져 살았던 유대인들을 가리킨다—역자 주)의 후손이 아니라는 사실에 그다지 놀라지 않았다. 우리가 결혼한 사실을 보면 알 수 있다. 유대인에 대한 나의 마음을 진심으로 이해하는 가장 좋은 방법은 랍비^{rabbi}(유대교의 율법교사에 대한 경칭—역자 주)를 통해서가 아니라 브리스킷^{brisket}(양지머리로 만든 바비큐 요리—역자 주)을 통해서였다.

재혼한 지 2년쯤 되었을 때 연휴를 맞이해 손님을 초대했다. 유대인들에게 아주 큰 행사인 신년제 로시 하샤나$^{Rosh\ haShanah}$였다. 절대 만만히 볼 수 있는 행사가 아니었다. 신년제를 맡은 첫해, 식재료를 사기 위한 일정을 혼자서 짰다. 오전 9시, 페어웨이에서 야채와 사과를 살 것. 11시 15분, 정육점에서 양지머리살 것. 소꿉놀이를 하는 것처럼 느껴졌다. 소꿉놀이는 어렸을 때가장 좋아하던 놀이였다. 나는 소꿉놀이에 푹 빠져서 맡은 역할을 진지하게 연기했다. 열 살짜리 꼬마였던 나는 눈과 소나무가지로 스튜를 만들어 우리 아이들에게 주기도 했다. 당신 역시어린 시절 소꿉놀이에 몰두해 그 안에서 형성된 인간관계를 실제처럼 연기해봤을 것이다. 소꿉놀이 속에서 요리를 하고 가족을 보살피던 어린 시절이 기억나지 않는가?

신혼 초 로시 하샤나를 준비하던 나는 소꿉놀이에 몰두하던어린 시절의 모습과 흡사했다. 유대인이 아니었던 내가 상상력과 선한 의지로 그토록 원했던 '유대인의 아내'가 된 것이다. 이

것은 내가 그들의 일부가 되는 과정이었다. 물론 완벽하진 않았다. 10년 뒤 로시 하샤나의 저녁 풍경을 상상해본다. 앵글로 색슨계 백인 신교도인 내가 직접 요리한 반짝거리는 바삭한 사과와 오렌지 꿀, 최대한 높게 층을 쌓은 먹음직스러운 소고기 브리스킷. 그 앞에 유대인 대가족이 둘러앉아 있을 것이다.

로시 하샤나를 제외한 유대인 기념일을 위해 우리 다섯 식구는 오후 3~4시 무렵에 플로어리스 초콜릿 호두 쿠키와 105번가에 있는 빵집에서 사온 맛초matzo(발효 과정 없이 물과 밀가루만으로 만든 빵. 유월절의 상징이다―역자 주)와 사과 소스 같은 음료를 싸서 음식물을 쏟지 않으려고 중심을 잡으며 조심해서 미니밴에 포개져 탔다. 가족 단위로 움직이는 수천 명의 사람들 틈에서 뉴저지의 리빙스턴을 빠져 나와 밥 삼촌과 테리 숙모의 집으로 가기 위해 링컨 터널을 거침없이 달렸다. 그 집은 1969년부터 1974년까지 방영된 TV 시트콤 〈유쾌한 브래디가Brady Bunch〉와 닮았다. 한마디로 단란하다!

큰아들 휴가 언젠가 재혼 가정에 대해 이야기한 적이 있다. "유대인 가정은 음악이 없어도 마치 음악이 연주되는 것 같은 분위기예요." 그러나 유대인 기념일 때의 분위기는 그와 사뭇 달랐다. 내가 코지하기 위해서는 그런 분위기를 잘 받아들여야 했다. 결코 쉬운 일은 아니었다.

공들여 매니큐어를 바르고 부드러운 스웨터를 입은 숙모들과 아기를 안은 삼촌들은 주방 주변에서 서성였다. 조카들 주변에는 친구들이 서 있었다. 교통 체증, 대학 지원, 스포츠, 가벼운 정치 이야기, 건강, 가족들의 소식 등 다양한 이야기가 여기저기서 터져나왔다. 이런 분위기 속에서 진짜 유대인 부인들은 손님들에게 필요한 것은 없는지 데워올 음식은 없는지 알아보려고 조용히 움직였다.

아이들은 플러시 카펫이 덮인 계단을 우당탕 뛰어 지하실까지 달렸다. 어른들은 테이블에 올라올 음식을 기다리면서 여기저기서 접시를 들어 올리거나 쿠글^{Kugel}(유대인 안식일에 먹는 요리. 국수, 감자, 빵 등을 넣어서 만든 냄비구이 요리—역자 주)을 먹고 있었다.

"이거 누가 만들었어요?" 음식을 한입 가득 베어문 채 누군가가 흰색 테이블을 가로질러 외쳤다. 아니, 소리를 질렀다. "살구는 사시카 숙모가 만드셨어!" 음식을 먹던 사람들은 흥미로운 눈길로 눈썹을 치켜올리며 맛을 보기 위해 조금씩 다가섰다. 가족끼리 이렇게 가까울 수 있다는 게 신기했다.

처음에 두 아들과 나는 이 낯선 땅에서 완전한 이방인이었다. 내가 코지했냐고? 전혀 그렇지 않았다. 그저 주변을 둘러볼 뿐 그곳에 완벽히 속해 있다는 느낌은 받지 못했다. 그럼 어떻게 가까워졌냐고? 내가 둥근 구멍에 들어가기 위해 갖은 애를 쓰고 있는 사각형 판이라는 생각이 최고조에 달했던 때는 식후 디저트 타임이었다.

이스라엘의 뿔나팔 쇼파르^{Shofar}를 서랍장에 다시 넣고 브리스킷을 치우면서 이내 디저트 행렬이 시작됐다. 테이블 위의 광경은 노아의 방주를 떠올리게 했다. 테이블 위는 디저트의 천국이었다. 폭신한 마카롱, 사과가 듬뿍 들어간 케이크가 한자리를 차지했다. 잼을 바른 쿠키, 초코칩이 잔뜩 들어간 쿠키, 설탕 덩어리 쿠키도 존재감을 자랑했다. 도넛 모양 케이크와 초콜릿으로 마무리한 맛초, 호박 빵, 바브카^{Babka}(폴란드의 전통 빵으로 주로 부활절에 먹어 부활절 케이크라고도 불린다—역자 주) 등 다양한 빵도 빼놓을 수 없었다. 루겔라치^{Rugelach}(유대인들이 하누카를 기념하며 만들어 먹는 전통과자—역자 주), 컵케이크, 블랙 앤 화이트 쿠키 등 다양한 디저트가 줄줄이 이어졌다. 시누이가 만든 자동차 타이어만한 거대한 과일 트레이는 말문이 막힐 정도였다. 유월절에는 단지 밀가루가 들어가지 않는 디저트가 전부였는데 말이다. 선거일 학교에서 빵을 파는 가판대처럼 보일 정도였다. 친정 가족들은 가장 큰 명절에도 디저트는 차와 과일을 간단히 먹는 게 고작이었다.

갓 결혼한 나는 여기저기 색색깔의 디저트가 늘어져 있는 것이 당황스러웠다. 익숙하지 않은 전통에 어떤 태도를 취해야 할지 알 수 없었다. 블랙 앤 화이트 쿠키를 와인 없이 이야기할 수 있나? 세 종류의 사과 케이크는? 정치에 대한 불꽃 튀는 의견 충돌 없이 이 쿠키를 먹는다고? 각자 다른 톤으로 동시에 이야기하고 있는 열일곱 명의 사람에게 어떻게 바나나 푸딩을 나눠주지?

이런 가족 식사 자리에 끼어 어떻게 코지할 수 있겠는가? 내게 있어 이 모든 풍경은 미지의 영토 같았다. 하지만 피터와 그의 가족들에게 이 엄청난 디저트 파티는 코지를 느끼게 하는 최상의 장면이었다. 그리고 나 역시 그의 가족이었다.

어떻게 하면 코지를 알 수 있는지 배우면서 우리에게 일어나는 일들에 대해 책임감을 느꼈다. 다른 문화 속에서 살아온 사람과 결혼하는 경우, 이는 더 중요해진다. 다른 문화로부터 야기되는 상황을 자신의 내면 가장 깊숙한 곳과 연결시켜야 한다.

집에 돌아왔을 때, 난 박탈감에 빠진 괴짜가 된 기분이 들었다. 나는 클라우디아 로덴 요리책이 있는 주방에 가서 앉았다. 내가 가족 모임에 가져간 깍지 강낭콩 요리는 그 요리책을 보고 만든 것이었다. 나는 고양이를 팔에 안은 채 욕실로 가서 욕조에 물을 채웠다. 따뜻한 물이 가득 채워진 욕조에 몸을 담그는 것은 분명 마음이 편안해지는 일이다. 목욕을 끝내고 자고 있는 남편 옆으로 가서 무릎을 세우고 앉았다.

사람들은 다 똑같다. 소란스럽고, 입장을 재빠르게 바꾸는가 하면, 서로 편을 가려서 힘겨루기를 한다. 코지가 필요한 상황은 많이 생긴다. 다양한 상황에 맞는 코지를 찾아내기 위해서는 노력해야 한다. 이는 시험공부와 비슷하다. 교실에 앉아 있다고 해서 성적이 잘 나오는 것은 아니다. 그 이상의 것이 필요하다. 밑줄을 치면서 책을 읽는 것처럼 말이다.

2부

집을 코지하게
만드는 것들

당신을 편안하게
하는 장소

"사랑과 의무, 일과 휴식, 자연과 가까이하는 가장 본질적이면서도
가치 있는 삶을 사는 인생은 아주 단순하다."
—로라 잉걸스 와일더

우리는 어느 장소에 있느냐에 따라 기분이 달라진다. 예컨대 집에 들어가면 우린 안락하다는 느낌을 받는다. 세상에서 가장 안전한 보금자리에 있는 것 같은 느낌 말이다. 당신이 가장 자주 있는 장소가 바로 집이다. 그런데 어떻게 하면 집을 더 코지하게 만들 수 있을까? 주변부터 살펴봐라. 당신이 의지할 만한 공간인가? 당신이 애용하는 물건들이 주변에 있는가? 그 물건들은 제자리에 있는가?

고등학교 3학년 때 '장소성'에 대해 선생님께 배운 적이 있다. 한 개인의 정체성은 지리적인 환경이나 장소와 강하게 연결되어 있기 때문에 글쓰기를 공부할 때 장소성은 아주 중요하다. 장소성은 특정 개개인을 둘러싸고 있는 것들의 의미를 알려주기도 한다. 선생님은 글쓰기와 관련시켜 '장소성'이라는 전문

용어를 설명해주셨지만, 머릿속에서 이 말을 오랜 세월 동안 기억한 이유는 단어의 표현이 주는 보편성 때문이다.

대부분의 사람은 각자에게 맞는 장소성이 있다. 물리적으로 가까운지, 그곳이 어떤 장소인지는 중요하지 않다. 예를 들어, 당신이 살고 있는 집이라는 장소에선 당신 주변에 있는 모든 것이 의지할 만한 가치를 지닌다. 도어스톱이나 프라이팬, 러그, 창문, 세탁용 세제 등 당신 주위의 사소한 모든 물건이 코지의 역할을 한다.

오븐용 장갑도 마찬가지다. 장갑을 보고 있노라면 어릴 적 기억이 떠오르는가? 당신 손에 딱 들어맞는가? 200도가 넘게 달궈진 오븐에 손을 집어넣을 때 보호받는 기분이 드는가? 이렇듯 그냥 제자리에 놓여 있는 장갑조차 우리 자신을 돌아보게 한다.

우리 집 한구석에는 매일 아침 언제나 나를 기다려주는 이케아 소파가 있다. 그 옆에는 머그잔 하나를 겨우 올려놓을 수 있는 작은 테이블이 있다. 특별히 고급스럽거나 예쁜 것도 아니다. 어디서나 볼 법한 평범한 소파이지만 그냥 거기에 이런 표시가 되어 있는 것 같다. 'IG'. 이자벨 길레스^{Isabel Gillies}, 바로 내 이름의 이니셜 말이다.

이 소파에 앉아 있으면 나의 가장 깊은 곳에 있는 무언가가 정리되는 듯한 기분이 든다. 마음을 가다듬거나 이메일을 확인할 때, 반려견을 쓰다듬을 때 항상 이 자리에 앉는다. 이 소파가 바로 나의 장소성이다.

나는 내가 어떤 사람인지 잘 안다. 이전의 내가 코지에 대해 생각하지 않았다면 지금의 나는 날마다 코지를 찾고 있다. 지금의 내가 이전의 나보다 더 강해지거나 더 행복한가? 세상살이에 좀 더 요령이 생겼는가? 아마 그럴지도 모른다. 나는 코지의 힘을 믿는다. 코지는 슈퍼맨에게 경이로운 힘을 선사하는 태양 같은 것이다.

하루를 침대 정리로 시작하라

"나의 친구 한 명은 오래전에 연로하신 숙모님이 가난과 병마와 싸우던 상황에서도 잠자리는 항상 깨끗하게 정돈했다는 것을 기억한다."
–세릴 멘델슨

미션 1. 침대를 정리할 때 좋은 일을 떠올려라.
미션 2. 자신만의 침대 정리 원칙을 세워라.

나는 천성적으로 깔끔한 편이 아니다. 어렸을 때부터 지금까지 침실을 정리하고 물건을 치우는 일로 고군분투하고 있지만, 잘 되지 않는다. 하지만 나 역시 물건이나 주변이 깨끗하게 정리되어 있으면 기분이 좋다. 욕실과 주방은 오히려 깨끗하게 유지하기 쉽다. 냉장고를 한 번 싹 정리하거나 욕실의 변기를 청소하고 나면 굉장히 뿌듯하기도 하다. 그런데 왜 그런지 모르겠지만 침실을 정리하는 것은 정말 어렵다.

일단, 옷을 정리하는 일이 너무 싫다. 내 성격이 특별히 까다로운 편이 아니라는 말을 먼저 해두고 싶다. 이런 이야기를 하는 게 치부를 드러내는 것 같아 마음이 편하지만은 않다. 내가 군이 침실 이야기를 하는 것은 코지의 시작은 잠자리를 정돈하는 것에서부터 시작된다고 믿기 때문이다. 침대를 정리하는 일은 무언가를 정리하는 것과 연결되어 있고, 자신이 누구인지 알수 있는 정체성과도 관련 있다. 어떤 이는 그 사람이 어떤 사람인지 알고 싶으면 지갑을 보라고 하지만 나는 침대를 보라고 말하고 싶다. 물론 둘 다 보면 더 좋을 것이다.

열여덟 살부터 스물여섯 살까지는 내가 방을 가장 더럽게 사용했던 시기다. 그때는 내 생활을 살펴봐줄 부모님도 옆에 안 계셨고, 생활 자체도 밤낮이 바뀌어 있었다. 쉽게 말해, 혼자서 그 무엇에도 얽매이지 않고 자유롭게 살던 때였다. 당시 내가 살았던 대학 기숙사 방 한가운데에는 천장에 닿을 것처럼 옷이 쌓여 있었고, 원룸 아파트는 영화 〈동물농장Animal House〉에 나오는 한 장면 같았다. 지금 생각해보면 이런 광경을 보고 남자친구들은 충격에 빠졌고 하우스 메이트들은 분명히 경악했을 것이다. 이때만 생각하면 소름이 끼칠 정도로 너무 창피하다.

그때 이후 지금까지 나는 여전히 정리정돈하는 법을 배우고 있다. 지금 내 침실의 침대는 바닥에 깔려 있는 요처럼 항상 정리되어 있다. 풀 사이즈 침대와 퀼트로 된 매트리스 커버, 흰색 침대보와 위로 당겨서 덮으면 마음이 진정되는 얇은 흰색 이불. 흰색 커버를 씌운 베개 두 개 사이에는 인디언 사라사로 만든 커다란 보라색 유럽 스퀘어 베개가 놓여 있다. 침실이 이렇게 정리된 데는 엄마의 영향이 크다. 엄마는 침대 정리가 철저히 지켜야 하는 규칙이 있어야 하며, 마음의 안정을 주는 가장 손쉬운 방법이라고 생각하셨다.

다시 나의 젊은 시절로 돌아가보자. 당시 난 로큰롤에 빠져 살면서 밴드를 쫓아다니기에 바빴다. 내가 살던 이스트와 웨스트 빌리지에선 블루스 트래블러Blues Traveler와 스핀 닥터스Spin Doctors가 밤새 연주를 했다. 매일 밤 그들을 보러 갔다고 해도 과언이 아니다. 꼭두새벽까지 술독에 빠져 땀에 흠뻑 젖을 때까지 남녀가 뒤섞여 춤을 추다 부랑아처럼 거리로 흘러나와 담배를 피우고, 맥더걸 거리에서 새벽 2시에 후무스hummus를 먹었다. 아주 멋지고 대담한 탐색전이었다. 다소 반항적이면서도 거친 면이 있었고 조금 불안정하기도 했다.

그때 나는 내 모습이 어떻다고 생각했을까, 재니스 조플린Janis Joplin? 난 그런 가수도 아니지만, 그렇게 되고 싶은 마음도 없었다. 하지만, 자신의 모습을 만들어가는 20대 때 '그녀처럼' 자신이 어떤 사람인가 정확하게 이야기하기란 쉽지 않다. 가끔은 취해 비틀거리면서 집에 돌아와 나의 코지한 '옷을 입은' 침대를 바라봤다.

물론 이렇지 않을 때도 많았다. 장발 머리 기타리스트와 독일 술 예거 마이스터에 빠져 지구 반대편에 떨어질 것 같기도 했다. 그러나 대부분은 안 그러기 위해 연습하며 살았다. 스스로

갈 길을 잘 지켜가며 일을 하고 좋은 습관을 들이고 관계를 이어가며 건강한 수면 생활을 지켜 나간 것은 순전히 노력 덕분이었다. 왜 그랬는지 몰라도 당시 나는 퀼트를 깨끗하게 정리하려고 애썼다. 어느 날 잠자리를 정리하면서 내게도 엄마 같은 모습이 있다는 생각이 들면서 조금 자신감이 생겼다.

동물의 세계를 보면 잠자리를 정리하는 것은 온전히 본능에 의한 행동임을 알 수 있다. 고릴라나 침팬지 같은 영장류는 날마다 보금자리를 만든다. 산속에 사는 고릴라 집단을 촬영한 영상에서 고릴라들이 잎과 가지를 긁어모은 다음 층층이 쌓아 이리저리 엮어서 집을 만들어 밤새 일어날지도 모를 상황에서 자신들을 보호해줄 공간을 만드는 모습을 본 적 있다. 시간과 정성을 들여 견고하게 잘 만든 잠자리에 들어가는 것이다. 오랑우탄 새끼는 생후 6개월부터 어미가 보금자리를 만드는 모습을 지켜보기 때문에 세 살부터는 아주 능숙하게 잠자리를 만든다!

침팬지 연구로 잘 알려진 제인 구달의 연구소에 의하면, 침팬지는 잠잘 때뿐만 아니라 낮에 쉬거나 새끼를 낳을 때도, 상처를 치료하거나 죽음을 맞이할 때도 자신만의 보금자리를 만든다고 한다. 침팬지는 부드러운 나뭇잎을 모아 피부 가까이 붙여둔다. 나는 고등 유인원이 인간보다 훨씬 높은 지능을 지니고 있다고 생각하는데, 잠자리를 정리하는 그들만의 의식을 보고 있노라면 내 생각이 틀리지 않다는 것을 한 번 더 확신하게 된다.

나는 하루를 침대를 정리하는 일로 시작한다. 어떤 사람에게는 이 일이 중요하지 않을 수도 있지만 침대를 정리하는 일은 생각보다 활동량이 많아서 한참 열중하다 보면 온몸에 혈액순환이 되면서 뇌에 건강한 자극을 준다.

나는 침대를 정리할 때 많은 생각을 떠올린다. 학교 포트럭 파티에 뭘 가져갈지 같은 자잘한 일보다는 더 큰 일에 대해 생각한다. 예를 들어, 친구에게 미안하다는 이야기를 어떻게 꺼낼지, 어떻게 하면 좀 더 로맨틱한 분위기를 낼 수 있을까 같은 것들 말이다. 어떤 일을 완수하는 것, '장악control'은 코지를 느끼게 해준다. 침대를 정리하는 데 어마어마한 시간이 드는 것도 아니다. 자신을 위해 조금만 시간을 내보자. 어쨌든 침대를 정리하는 것은 매우 좋은 습관이다.

침대를 정리하다 보면 잠을 잘 수 있는 공간이 있다는 사실 자체에 감사한 마음이 든다. 침대 시트를 끌어 잡아당기는 동안 보금자리와 우리 내면은 연결된다. '자기 치유'가 특별한 말이 아니다. 피곤한 일과를 끝내고 돌아와 잘 정리된 침대에 누워 시트를 목 끝까지 덮었을 때의 느낌. 이것이 바로 코지이다. 보금자리와 연결된 나의 내면은 코지한 느낌으로 물들며 이 순간 치유를 얻는다. 잠자리를 정리한다는 것은 우리가 스스로를 돌본다는 것을 확인하는 과정이기도 하다.

누군가와 침대를 같이 사용한다면 침대를 같이 정리하는 일만큼 좋은 일은 없다. 사실 성격상 혼자 정리해버리는 게 훨씬 편하지만, 남편에게 늘 침대 정리를 같이하자고 이야기하는 것은 정리하는 동안 남편과 깊은 이야기를 나눌 수 있기 때문이다. 담요를 펄럭이면서 다른 일을 할 순 없다. 침대를 정리하는 동안에는 휴대폰이나 컴퓨터, 신문을 볼 시간은 없다. 그래서 아이들이 어떤 재미난 이야기를 했고, 멀리 떨어져 살고 있어 얼굴 보기 힘든 친구와 언제 밥을 먹을지 같은 이야기에 집중할 수 있다. 서로 의견이 맞지 않았던 일도 이때 풀면 된다. 늘 좋은 방식의 대화로 코지를 찾을 필요는 없다. 침대를 정리하는 동안 어렵고 고민되던 일들이 스르륵 풀릴 수도 있다.

침대 정리에 관한 정보를 찾으려고 거의 세 시간 동안 인터넷을 헤매다 우연히 '올드 앤 인터레스팅Old and Interesting'이라는 웹사이트를 발견했다. 이 사이트에는 가정용품의 역사가 자세히 소개돼 있었다. 여기서 영국 튜더 왕가가 침대를 정리하는 데 사용했던 가정용품 리스트를 알게 되었다. 패브릭, 이불 솜, 우드 제품 등 마샤 스튜어트Martha Stewart가 비명을 지르며 좋아할 만한 것들이 잔뜩 있었다. 그중 몇 가지 중요한 것을 소개한다.

- 침대 프레임: 나무 프레임
- 밧줄로 꼬거나 엮은 프레임: 나무 널 대신에 밧줄이 매트리스를

지탱해주는 방식

- 간이침대: 쓰지 않을 때는 높은 침대 아래 숨겨져 있는 낮은 침대

- 조립식 침대: 분리하거나 묶을 수 있고 이동 가능한 침대

- 테스터와 셀루러: 이 두 가지는 캐노피로 설명할 수 있다. 어떤 사람들은 캐노피를 지탱하는 견고한 나무 프레임이나 철봉이 테스터[Tester], 천이 셀루러[Celure]라고 하지만, 이 둘은 사실 명확하게 구분되지 않는다. 16세기 목록에서 "다마스크 직물의 테스터"라는 표현을 찾아볼 수 있다.

- 코스터[Costers]: 침대의 하단부 걸이

- 다서[Dosser]: 침대 뒤쪽 걸이

- 트랜섬[Transom]: 침대 머리를 가로지르는 천

- 짚 요: 짚을 가득 넣어 만든 매트리스

- 이불잇: 옷감과 매트리스 커버

- 털을 넣은 요: 깃털을 넣은 "퀼트"천 백[bag], 어울리는 볼스터[bolster]와 함께 놓는다.

- 볼스터: 베개 받침. 천이나 깃털, 양털이나 울을 가득 넣은 원통 모양의 것.

- 필로 베레[Pillow bere]: 베개 커버나 베갯잇

- 코드[Cod]: 영국 북부 지방이나 스코틀랜드의 베개나 쿠션

- 해핑[Happing]: 질이 좀 떨어지는 침대 커버

- 퀼트 Quilt: 매트리스나 울을 넣는 침대 커버로 깃털이나 울 퀼트를 사용한다.
- 타르테린 Tartarine: 타타르 Tartary 지방에서 온 중국 비단
- 센달 Sendal: 두꺼운 비단
- 세이마이트 Samite: 금실을 엮어서 짠 비단
- 다마스크 Damask: 다마스크직. 보통 실크나 리넨으로 양면에 무늬가 드러나게 짠 두꺼운 직물
- 캠릿 Chamlet, Camlet: 고급 천으로 종종 비단과 동물의 털이나 울을 섞어 엮는다.
- 사스닛 Sarcenet, Sarenet: 아주 고운 부드러운 비단
- 아라스 Arras: 아라스 천. 색실로 무늬를 짜 넣은 천의 일종
- 세이 Say: 고운 서지 serge, 울이나 울비단
- 도닉 Dornick: 다양한 종류의 천을 엮은 플랑드르 투르네 지방 스타일의 커버
- 바우데킨 Baudekin: 양단. 금 · 은색 명주실로 두껍게 짠 비단
- 베어 Vair: 회색과 흰색 얼룩이 있는 다람쥐의 모피
- 미니버 Miniver: 흰 모피
- 레네스 Rennes, Reynes linen: 브르타뉴의 렌 지방에서 엮은 가장 정교한 리넨
- 카드 Carde: 걸개로 사용되는 천, 리넨이 많이 쓰임
- 퍼스티언 Fustian: 거친 리넨 천. 면과 아마를 섞어 만든 천

- 달러스^{Dowlas}: 침대 시트로 사용되는 거친 리넨
- 캔버스^{Canvas}: 거친 천, 침대 시트로 사용되거나 매트리스나 요 밑에 깐다.
- 울스테드^{Worsted}: 소모사로 만든 직물
- 하덴^{Harden, hurden, hardine}: 아마와 삼 부스러기, 뱃밥으로 만들어진 리넨
- 플라크^{Flock}: 양 뭉치

베개의 볼록함과 이불의 무게감은 중요하다

불룩함은 침대나 소파에 있어 기본이 되는 느낌이다. 침대 위에 있는 베개를 손으로 퍽퍽 쳐가며 모양을 잡아봐도 썩 마음에 들지 않는데, 친구 몰드윈 덕분에 제대로 된 방법을 알게 됐다. 몰드윈은 할머니에게 배워온 베개를 두툼하게 만드는 방법을 가르쳐줬다. 이 방법은 지금껏 내가 아는 방법 중 가장 좋은 것이어서 소개해본다. 우선, 두 손으로 베개를 잡고 바닥 위로 높게 든다. 그런 다음 마치 세리머니하듯 그냥 놔버린다. 툭 하고 바닥에 떨어진 베개를 주워서 돌려 든 다음 다시 떨어뜨린다. 몇 번 되풀이하다 보면 완벽하게 볼록해진 베개를 볼 수 있다.

　모든 것에서 코지를 느낄 수 있지만, 침대를 정리하는 것은

유독 더 특별한 경험이다. 베개는 몇 개나 있나? 이불은 두툼한 것을 좋아하나? 아니면 퀼트? 색깔이 있는 시트 아니면 자연 그대로의 흰색? 나는 이불의 무게감에 특히 예민한 편이다. 누웠을 때 이불이 지그시 눌러주는 무게감이 있으면 누군가에게 보호받는 듯한 기분이 든다.

작업요법 연구에 따르면, 어느 정도 무게감이 있는 담요를 덮으면 뇌에서 세로토닌과 도파민이 나와 안락한 느낌이 든다고 한다. 작업요법에는 '압박 치료 deep pressure therapy'라는 용어가 있는데, 이는 마음을 진정시키는 데 도움이 된다. 비니 베이비 곰 인형이 인기 있는 이유 역시 이와 같은 이유 때문일 것이다. 일명 '무게 담요'라는 것도 있다. 처음에 이 담요는 주의력 결핍 및 과잉 행동 장애ADHA 아동을 위한 치료 목적으로 사용됐지만, 지금은 불안증이나 불면증에 시달리는 사람들도 많이 구입하고 있다. 무게감이 안락함을 가져다주기 때문일 것이다.

1983년, ABC 방송에서 〈그날 이후The Day After〉라는 영화를 방영했다. 핵전쟁을 다룬 영화로 엄청난 인기를 끌었다. 내용은 정말 끔찍했다. 구체적인 장면이 하나하나 떠오르지는 않지만, 한 장면은 또렷이 기억난다. 마지막 장면이었는데, 커다란 불길이 솟아올랐다.

어떤 집에 한 여자가 있었다. 창문 밖으로 저 멀리 떨어진 곳에서 핵 구름이 솟아올라 팽창했다. 여자는 죽음을 예감했다. 여자의 시선은 자신의 침대로 옮겨졌다. 그리고 침대를 정리하기 시작했다. 그 장면을 보며 열세 살짜리 꼬마였던 나는 '죽음이 코앞인데 저렇게 침대를 정리할 사람이 어디 있겠어'라고 생각했다. 하지만, 이제 나는 그 상황을 완전히 이해할 수 있다.

불확실한 상황에 직면했을 때 익숙한 일보다 더 좋은 게 있을까? 잠시 쉬기도 하고, 책을 읽고, 누군가와 사랑을 나누고, 아플 때 치유하고, 때로는 죽음을 맞이할 그곳을 정리하고, 타인과 조금이라도 연결되고 싶은 한 가닥 희망이라도 잡고 싶은 그 마음. 이로부터 코지가 나온다.

목욕은 몸과 마음을 치유한다

*"뜨거운 목욕으로 고칠 수 없는 것이 꽤 많겠지만,
난 그런 것이 잘 생각나지 않는다."*
—실비아 플라스

미션 1. 무기력할 때는 욕조에 따뜻한 물을 받아라.
미션 2. 편안한 목욕을 위해 몇 가지 환경을 조성하라.

욕조, 비누, 푹 잠기는 느낌, 세면대, 따뜻함, 수도꼭지…… 목욕이라는 주제로 글을 쓰고 있으면 마치 첫 키스나 엄마의 손글씨에 관해 쓰는 것처럼 성스러운 기분이 든다. '이런 단어들로 뭘 하자는 거야?' 하고 빈정거릴 수도 있지만, 상관없다. 정신없이 빨려 들어갈 테니까. 코지에서는 목욕을 빼놓을 수 없다. 목욕과 관련된 단어들을 듣기만 해도 기분이 좋아진다.

"물에 가자." 어린 시절 친구 줄리가 목욕에 관해 글을 쓴다고 했을 때 소리치며 했던 말이다. "물에 가자"라는 말은 초등학교 교장이었던 하딩 선생님이 강하게 권유한 말이기도 하다. 하딩 선생님은 일곱 살, 여덟 살, 아홉 살짜리 아이들에게 목욕에 대해 가르쳐주셨다. 목욕은 단순히 씻는 행위가 아니라 마음을 가라앉히고 회복하는 데 도움이 되는 의식이라고 하셨다.

목욕은 일상적인 일이면서 즐거운 일이기도 하다. 많은 아이가 욕조, 주방 싱크대, 작은 풀장에서 텀벙대는 것을 좋아한다. 그 안에서 아이들은 물로 뭔가를 한다. 시험에 떨어져 힘들어할 때 엄마가 내게 한 첫 번째 말은 "목욕해라"였다. "춥지? 목욕부터 해." 누군가가 당신을 험담해서 힘들다면? 물속으로 들어가라. 하루가 무기력하다면 일이 뜻대로 풀리지 않아 속상하다면, 하고 싶은 일을 하지 못하게 되어 낙담하고 있다면, 얼른 욕조로 들어가라!

물론 목욕만으로 문제 자체가 해결되는 것은 아니다. 걷거나 운전하는 것은 필요해서 하는 행동이지만, 목욕은 깨끗해지기 위한 목적으로만 행해지는 행위가 아니다. 몸과 마음을 치유하거나 무슨 일을 준비할 때 잠시 휴식을 취하기 위해 하기도 한다. 목욕은 인생에서 딱히 해답을 얻지 못할 때도 도움이 된다. 크게 상심했을 때, 친구나 연인 사이에서 불화를 겪을 때, 또래 간의 라이벌 경쟁으로 몸과 마음이 피곤해졌을 때, 지독한 추위나 일과 관련된 복잡한 상황으로 힘들 때, 누군가가 그리울 때, 아무짝에도 쓸모없는 질투와 후회로 상처 입었을 때, 숙취로 고생할 때, 좋은 기회를 놓치고 싶지 않은 마음에 조바심이 날 때, 유달리 긴 하루를 보내느라 피곤할 때, 치밀어 오르는 분노와 불안, 초조로 힘들 때, 형편없는 식사로 짜증이 날 때 등 다양한 상황에서 목욕은 도움이 된다.

스무두 살에 비통한 일을 겪고 제정신이 아니었던 적이 있다. 그때 나는 당시 가장 친한 친구였던 마일즈에게 전화를 걸어 울고 소리치면서 그 상황을 견뎌냈다. 마일즈는 내 이야기를 잠시 듣다가 한숨을 쉬더니 이렇게 말했다. "이쪽으로 와." 이스트 빌리지에 있는 그의 집 앞에 도착한 나는 1990년대 영화배우 코트니 러브처럼 눈물이 줄줄 흘렀다. 마일즈는 내 어깨를 잡고 돌려세우더니 바로 욕실로 데려갔다.

그의 욕실은 마치 코코 샤넬의 판타지에서 튀어나온 것처럼 멋졌다. 대리석 욕조에는 뜨거운 김이 피어오르는 물로 채워져 있었고 욕조 옆 유리 탁자에는 무거운 크리스털 재떨이와 채 뜯지 않은 담뱃갑이 놓여 있었다. 은제 컵에는 치자나무 꽃잎이 띄어져 있었고 초가 불을 붉히며 따뜻하게 타오르고 있었다. 내가 가장 좋아하는 영화배우 프란시스 파머를 흉내 내지 않을 수 없는 광경이었다.

"그냥 편하게 앉아 있어." 욕실에서 나가며 마일즈가 속삭였다. 잠시 뒤 나는 울음을 그쳤다. 목욕이 끝날 때쯤 와인 한 잔이 곁들어진 저녁이 준비되어 있을 게 분명했다. 내 마음과 지나간 시간이 치유될 수는 없지만, 작은 위기에 부딪친 나를 욕조로 끌고 간 친구가 고마웠다. 그리고 그 순간은 어떤 것도 생각나지 않았고 따뜻한 무언가에 안락하게 보호받는 느낌이 들었다.

코지를 목욕과 연관시켜보면 온도와 장악이 서로 연결된다는 것을 알 수 있다. 로라 잉걸스 와일더의 소설『초원의 집-소년 농부』를 보면 엄마가 분주하게 옥수수빵과 베이컨, 구운 사과로 저녁 식사를 준비하고 그 옆에 고무 목욕통에서 아이들이 첨벙거리며 목욕하는 장면이 여러 번 나온다. 이런 따뜻한 정서가 우리를 치유해주는 한편 곧 이것은 장악으로 연결된다. 따뜻한 온도가 어찌할 수 없는 마음을 가라앉혀주고 상황을 장악할 수 있게끔 도와주는 것이다.

목욕한다는 것은 하루 중 잠시 휴식을 갖는다는 의미라고 볼 수 있다. 목욕은 쉼이자 명상과도 같다. 물론 덤으로 건강도 좋아진다. 연구에 따르면 따뜻한 물에 몸을 담그고 있으면 마그네슘, 칼슘, 황산염, 철 같은 치유 물질을 가진 미네랄 성분을 흡수해 혈액순환은 물론 숙면과 면역 기능 강화에도 좋다. 물을 많이 흡수하면 피부 보습에도 도움이 된다. 또한 혈압을 낮춰주고, 관절과 근육통도 완화된다. 목욕할 때 에센스 오일을 한두 방울을 떨어뜨리면 기분이 한결 좋아진다.

어릴 적 차갑고 뜨거운 수돗물이 콸콸 쏟아지는 것을 보고는 눈앞에서 기적이 벌어진 것처럼 놀랐던 기억이 난다. 그때 수도꼭지 아래 작은 입을 대고 물을 마시면서 이런 기적이 있을까 하고 감동했다. 인간은 장엄한 바다, 개울, 텁텁한 연못까지

이 세상의 모든 물을 사랑한다. 물은 말 그대로 생명의 원천이다. 우리 모두는 물에서 잉태됐다. 물속에 몸을 반쯤 담그고 있으면 은하수의 어느 별에서 노니는 것만 같다.

사람들은 보살핌 받기를 원한다. 헤어질 때 건네는 간단한 인삿말 "잘 지내!"만 봐도 그렇다. 하지만 말 그대로 항상 잘 지낼 수는 없다. 과로, 수면 부족, 대충 때운 끼니, 자책, 누군가와의 다툼, 과음 등의 이유로 우리는 늘 녹초가 되고 만다. 목욕 같은 작은 휴식은 위안을 얻을 수 있는 사소하지만 소중한 방법이다.

목욕하기 전 준비해야 할 것이 있다. 느닷없이 물속에 들어가더라도 몇 가지를 고려해야 한다. 욕조에서 나왔을 때 수건이 준비되어 있나? 목욕하는 동안 음악을 들을 것인가 아니면 책을 읽을 것인가? 수도꼭지 아래 초를 켜놓거나 소나무나 백단유 향오일을 뿌릴 것인가? 수돗물 냄새가 당신의 마음을 편하게 해주는가? 운이 좋다면 욕실에 창이 나 있을 수도 있다. 그럼 목욕할 때 그 창문을 열어놓을 것인가 아니면 닫고 있을 것인가? 욕조 안에서도 이래저래 조정해야 할 것이 많다. 이 세상에서 우리 마음대로 정할 수 있는 게 몇 가지 안 된다고 생각하면, 욕조 물의 온도를 맞추는 것은 엄청난 일이 아닐 수 없다. 뜨거운 물을 욕조에서 마음껏 즐길 수 있는 것은 살면서 맛볼 수 있는 가장 큰 사치 중에 하나다. 욕조에 몸이 푹 잠길 만큼 물을 가득 채울 것인가, 아니면 저녁에 영화를 보러 극장에 바로 가야 하니 그냥 조금만 받아서 쓸 것인가?

보통은 혼자서 목욕을 하지만 가끔은 다른 사람과 욕조를 같이 쓸 때도 있다. 소아과 의사가 했던 말 중 기억에 남는 것이 있다. 부모가 아기와 함께 목욕을 하면 둘 모두 정신적, 육체적으로 건강해질 수 있다고 했다. 모성애라는 거창한 이름을 붙일 것까지도 없다. 목욕을 하면서 시간을 보내는 일은 아이뿐만 아니라 엄마에게도 선물 같다. 욕조 안에서라면 손가락에 거품을 묻혀 그림을 그리면서 아기와 함께 밤새 놀 수도 있을 것 같다.

사랑하는 사람과 함께하는 목욕은 낭만적이면서 섹시하고 편안하지만, 나는 주로 혼자서 목욕을 한다. 목욕을 너무 자주 하면 피부가 건조해진다는 기사를 본 적이 있지만, 나는 하루에 두 번 욕조 목욕을 한다. 주름진 눈가를 걱정하는 것보다 풍요로운 마음을 택하는 것이 내 인생을 더욱 여유롭게 하기 때문이다. 춥거나 기분이 별로인 날에는 횟수가 더욱 늘어난다. 중년으로 접어든 뒤 목욕을 하는 동안 책을 읽거나 전화 통화를 하거나, 명상할 때는 물에 코코넛오일 몇 방울을 떨어뜨리기도 한다.

목욕물에 넣으면 좋은 몇 가지를 소개한다.

로즈마리 가지 로즈마리는 향이 강한 편이다. 생각이 많은 사람들에게 유용하다.

엡솜^{Epsom} 소금 나이 들면서 찾아오는 근육 통증에 효과적이다. 큰 유리병에 보관해두면 보기에도 좋다.

코코넛 오일 나는 고형 덩어리로 된 코코넛 오일을 욕조 가까이에 두고 욕조에 좀 더 오래 있고 싶을 때 한 줌씩 떠서 팔과 다리에 문지른다. 따뜻해진 오일이 물을 타고 흘러 내려오면서 모든 것이 부드러워진다.

오트밀 부드럽지만 사용하다 보면 욕조가 좀 지저분해지도 한다. 피부에 발진이 생겼을 때 효과적이다.

거품 목욕 거품 목욕의 부작용은 피부 건조다. 그래서 일주일에 한 번 정도 하는 게 좋지만, 초등학생이라면 좀 더 자주 해도 괜찮다.

화이트 & 사이다 식초 깨끗하게 씻은 병에 식초를 담아 목욕 소금을 넣은 유리병 옆에 놓아두면 보기에도 좋다. 게다가 셀룰라이트를 없애는 데 효과적이라니 여성이라면 누구나 귀기울일 만하다.

티트리 오일 피부 트러블 완화에 관한 한 티트리 오일만 한 게 없다. 여드름은 물론 무좀, 건선, 습진에도 효과적이다. 목욕물에

10~20방울 정도 희석하면 피지 조절, 피부 보호 및 진정, 불순물 제거, 트러블 개선 등의 효과를 볼 수 있다. 강력한 살균 효과를 지녔을 뿐만 아니라 면역 체계 강화에도 도움이 된다니 만병통치 오일이라 할 만하다.

그 밖의 에센스 오일 백단유, 장미, 소나무, 재스민 등 수백만 가지 오일이 있다. 단 한 방울로 기분 전환에 충분히 효과를 볼 수 있다.

주방은 집의 중추신경과
같은 곳이다

미션 1. 주방을 자신만의 이야기가 있는 공간으로 꾸며
보자.
미션 2. 주방에 있는 가재도구들을 정돈해보자.

주방은 집에서 우리 몸의 중추신경 같은 곳이다. 강렬하면서도
생기 넘치고 창조적인 요소가 곳곳에 배어 있으며, 따뜻하면서
도 다양한 색과 냄새가 공존한다. 단순하고 깔끔한 주방도 있지
만 묵은 기름때가 낀 지저분한 오븐이 있는 1970년대식 주방도
있다. 일반적으로 봤을 때 주방에는 음식을 만들기 위해 필요한
살림 도구가 어림잡아 50가지 정도는 갖춰져 있다. 어떤 사람은
주방에 혼자 있을 때 마음의 위안을 얻는다고 한다. 주방은 누
군가를 먹이고 이야기를 나누고 뭔가를 데우기도 하는 장소다.
전용 화덕에서 노랗게 구워지는 오리를 상상해보라. 얼마나 환
상적인가. 주방에는 잠깐 앉아서 쉴 수 있는 의자도 있다. 나는

요리를 하기 위해 하루에도 열댓 번은 주방에 가는 것 같다. 이 주제에 대해 쓰기 전에도 오븐에 바나나 빵을 넣었다. 주방은 허브 같은 곳이다. 누구에게나 다 주방과 관련된 이야기가 있을 것이다. 오븐, 가스 불꽃, 보일러, 뜨거운 김, 열은 주방의 중요한 기능이다.

어릴 적 나는 어퍼 웨스트 사이드에 있는 아파트에서 살았는데, 자는 시간을 빼고 대부분의 시간을 주방 테이블 벽에 걸려 있던, 버튼식 전화기와 보냈다. 10대 때는 프렌치 블루 컬러로 칠한 높은 스툴에 놓인 전화기 옆에 앉아서 전화기가 울리기만을 기다렸다.

엄마는 하루 중 대부분의 시간을 주방에서 보내셨다. 나는 엄마와 이야기를 나누면서 오렌지색 냄비에 담겨 있는 스튜용 고기와 썰어놓은 양파, 껍질을 벗긴 갖가지 야채를 바라봤다. 엄마는 아스파라거스를 집어들며 "얘 좀 봐. 꼿꼿하게 서 있는 게 재밌지 않니?"라고 말씀하셨다. 엄마는 음식 재료가 사람인 듯 이야기하는 걸 좋아하셨다. 그러곤 아스파라거스를 냄비에 넣으며 말씀하셨다. "아스파라거스는 뜨거운 물에 1분 이상 두면 안 돼. 바로 꺼내지 않으면 연한 갈색이 되거나 엉망이 된단다. 제때 건지면 정말 끝내주지. 아스파라거스를 좋아하지 않는 사람도 있지만, 난 아스파라거스가 정말 좋아." 엄마는 냄비를 잡아 흔들어서 올라오는 김을 재빨리 피하고는 끓는 물을 싱크대에 있는 체에 얼른 부었다.

주방은 극히 개인적인 공간이다. 누군가의 주방에서 요리한다는 것은, 특히 아무런 양해도 구하지 않고 주방을 휘젓는 것은 그 사람의 기타를 마음대로 연주하는 것과 같다. 물론 할 수는 있지만 이는 분명 무례한 행동이다. 요리할 때 우리의 영혼은 생기로 가득찬다. 요리할 때는 어떤 음식을 준비할지, 구체적으로 어떤 재료를 사용할지 모든 것이 준비되어 있어야 한다.

여러 가족들이 수도 없이 드나들었고 청소했던 주방은 가족의 앨범만큼이나 많은 의미를 담고 있다. 엄마는 일에 지쳐 재충전이 필요할 때 곧잘 주방 마루에 누워 있었다. 작은 흠집이 있는 주방은 엄마에게 결혼반지만큼이나 많은 의미가 담긴 공간이었다.

주방에서 음식을 만들다 보면 항상 다양한 에피소드가 따라붙게 마련이다. 막혀서 물이 빠지지 않는 싱크대, 가스버너에서 새어 나오는 작은 불꽃, 정육점, 생선 가게 주인, 하루의 주기, 계절, 바다, 레시피, 집에 있는 사람들, 물이 끓는 동안 흐르는 침묵의 상념. 주방은 갖가지 이야기로 가득 찬 선집選集 같다. 부침개 뒤집개에서마저도 삶이 느껴진다.

나는 주방 벽에 가족과 관련된 추억을 붙여놓았다. 코르크 보드에는 내게 온 엽서와 메시지들이 꽂혀 있다. 성 프란치스코의 평화 기도, 당나귀 그림이 있는 엽서, 남동생의 회색 하운드 반려견 오즈와 첫째 아들 휴가 함께 찍은 사진. 우리 애들이 청소할 때 지켜야 할 몇 가지 규칙도 적어놓았다. '하나, 모든 전자제품을 끈다. 둘, 음식을 치운다. 셋, 설거지를 한다. 넷, 주방 식탁은 깨끗이 닦는다. 다섯, 주방이 깔끔하게 정리되었는가 점검한다.'

우리 집에서는 주방 이외의 공간에서도 코르크 보드를 많이 볼 수 있다. 코르크 보드는 여러모로 아주 유용하다. 많은 사람이 공연에 다녀온 뒤 티켓을 주머니에 그냥 두는데, 나는 티켓을 꼭 코르크 보드에 붙여놓는다. 아이들이 동네 가게에 있다는 쪽지를 꽂아두면 나도 쪽지를 남긴다. 물론 휴대폰을 사준 이후엔 이런 쪽지가 확 줄어들었지만 말이다. 주방에서 칼질을 하다가 문득 쪽지들을 보면 아이들이 떠오른다. 아이들이 멀리 떠난 뒤에도 나는 쪽지들을 보면서 칼질을 할 것이다. 아이들이 가까이에 있다고 느끼면서 말이다. 이 쪽지들은 오랫동안 주방 코르크 보드에 계속 남아 있을 것이다.

주방에서 들려오는 소리는 그 자체만으로도 의미가 있다. 주방 한쪽에서 타이머가 크게 울렸다 멈추면 강아지가 귀를 쫑긋 세운다. 라디오에서는 스포츠와 날씨에 대한 뉴스나 다양한 음악이 쏟아져 나온다. 전자레인지와 오븐이 돌아가는 윙윙거리는 소리, 주방세제 통을 열 때 나는 "퐁" 소리, 냉장고 문을 닫을 때 나는 빨려 들어가는 듯한 소리, 토스터기에서 나는 "땡" 소리, 마카로니 종이 박스에서 들려오는 마카로니 조각이 서로 부딪치는 소리. 그리고 주방에서 들리는 소리 중 가장 시끄러운 커피 분쇄기 소리. 이런 소리를 들으면 전에는 엄마가 떠올랐는데 지금은 남편이 생각난다.

정체성이 담긴
공간으로 꾸미기

미션 1. 당신만의 코지를 찾아내 공간에 표현하라.
미션 2. 당신이 편안함을 느끼는 색으로 꾸며라.
미션 3. 필요한 것은 항상 제자리에 두어라.

이 책을 쓰기 위해 조사하는 동안 샌프란시스코를 다녀왔다. 비탈진 언덕을 올라가기도 하고, 사워도우를 먹기도 했다. 섬에 있는 감옥소 투어도 다녀왔다. 악명 높은 살인자들이 투옥됐던 것으로 유명한 이곳, 앨커트래즈는 현재 국립공원이다.

앨커트래즈는 놀라울 정도로 아름다운 곳이지만 둘러보는 내내 약간 묘한 기분이 들었다. 감옥 안에 들어서자 밖으로 시선을 돌리지 않을 수 없었다. 그리고 생각했다. '내가 묵고 있는 호텔에서보다 풍경이 더 아름답잖아. 훨씬 더.' 물론, 범죄나 처벌은 고통 그 자체였을 테지만, 그곳의 풍경은 그렇지 않았다.

이곳의 교도관이었던 패트릭 머호니의 목소리가 녹음된 오디오를 들으면서 스니커즈 운동화와 백 팩으로 무장한 여행객들은 으스스한 기분으로 감옥을 둘러보았다. 아마도 "더록^{The} Rock"(앨커트래즈의 별칭이다—역자 주) 재소자들은 수감 생활을 잘하면 선반에 개인 소지품을 정리할 수 있게 허락해준 데 다행스러움을 느꼈을 것이다. 재소자들이 직접 그린 그림과 엽서가 감방 벽에 붙어 있었다. 크로키를 배운 재소자도 있고, 그림에 관한 책을 가진 재소자들도 있었다. 가로 세로 5×11인치 크기의 감방이 죽 늘어서 있는 싸늘한 복도를 지나가는 동안 앨커트래즈에 수감되어 있으면서 희망을 놓지 않고 사는 것이 어떻게 가능했을지 생각했다. 어떻게 그럴 수 있었을까? 종교의 힘이었을까? 아니면 면회를 오는 접견자? 매일 교도관과 하는 거래나 감옥에서 나오는 음식? 이것도 저것도 아니면 전혀 희망 없이 보냈나? 소소한 물건들로 재소자들이 감방을 꾸며놓은 것을 보면서 삶에 대한 낙관과 애착을 확인할 수 있었다.

소지품을 모으고 엽서를 꽂고 어떤 색깔로 페인트칠을 할지 고를 수 있는 집이 있어 자유로움을 표현할 수 있다면 충분히 운이 좋다고 말할 수 있다. 1인용 의자를 어디에 둘지 선택할 수 있다는 것 자체만으로도 일상이 행복해질 수 있다. 개인적으로 나는 꾸미는 것을 별로 좋아하지 않지만, 가족들이 좋아하는 것이 무엇인지 찾아내 벽에 그림을 붙이거나 물건들을 배치하곤 한다. 우리 가족은 특히 친츠^{chintz} 스타일의 패턴을 좋아한다.

첫째 아들 휴는 열 추적 장치처럼 따뜻한 곳만 찾아다닌다. 전 남편이 대학교수라 우리 가족은 이사를 자주 다녔는데, 휴는 이사를 가자마자 새 집에서 온수 파이프나 난방기를 찾아다녔다. 네 살짜리 아이의 가냘픈 몸은 늘 파이프에 새끼 나무늘보처럼 휘감겨 있었다. 재혼한 뒤 우리 가족은 자연스럽게 한곳에 정착했다. 밤이 지나고 낮이 찾아오면 휴는 거실에 있는 아코디언처럼 생긴 두툼한 라디에이터를 자신의 공간으로 삼았다. 나는 이곳을 안락하게 만들었다. 남편과 나는 라디에이터와 자연 채광이 잘 들어오는 창문 사이에 있는 구석에 커다란 의자를 놓았다. 아이가 의자에 앉아 벽에 기대 책을 읽거나 컴퓨터를 할 수 있게 부엉이가 그려진 크고 단단한 쿠션도 올려놓았다. 몇 년 동안 아이는 파이프 옆에 양말 신은 발을 쑤셔 넣고서는 그렇게 있는 게 편하다고 했다.

우리가 쓰는 공간은 개인의 경험과 정체성을 표현하는, 비어 있는 캔버스 같다. 항상 무언가 생각하고 눈을 크게 떠야 한다. 무엇에 흥미를 느끼는가? 무엇을 좋아하는가? 누구를 사랑하는가? 나는 어디에서 왔는가? 자신에게 끊임없이 질문하라.

벼룩시장에 갔을 때 사과를 찍어놓은 낡은 사진 작품 네 점을 저렴한 가격에 구입하면서 나는 생각했다. '액자에 끼워 주방에 놔야겠어. 이 사진들을 볼 때마다 내가 뉴욕에 산다는 걸 실감할 수 있을 것 같아.' 나는 실제로 그 사진을 액자에 끼워 주방 벽에 걸어놓았다. 난 디자이너가 아니다. 특별히 센스가 있지도 않다. 노라 에프론이 영화 〈해리가 샐리를 만났을 때^{When Harry Met Sally…}〉에서 썼다시피 "사람들은 모두 자기 자신이 뛰어난 감각과 재치 있는 유머를 지니고 있다고 생각하지만 모든 사람이 다 그럴 수는 없다". 내가 감각이 뛰어나거나 특별히 유머러스 하다고 생각하지 않는다. 하지만 다른 좋은 점이 있다는 것을 알고 있으니 괜찮다.

방을 안락하게 하기 위해 딱 하나만 선택해야 한다면 단연코 조명을 꼽을 수 있다. 방에 밝혀놓은 조명은 사람들이 어디에 자리 잡을지 선택하는 데 영향을 준다. 옆에 조명을 세워둔 독서용 의자나 어두운 구석에 놓여 있는 조명으로 밝혀진 작은 테이블은 내가 즐겨 찾는 장소다. 조명은 방을 환하게 해주고 따뜻한 느낌을 준다. 껐다 켰다 할 수도 있다. 저녁 늦게까지 혼자 집에 있거나 늦게 귀가했을 때 어둠 때문에 긴장할 수도 있지만, 조명 스위치를 누르면 "딱" 하는 경쾌한 소리와 함께 모든 것이 밝혀진다. 책상에 영수증이 잔뜩 쌓여 있더라도 상관없다. 조명이 켜지는 순간, 긴장이 확 풀어진다.

조명색을 결정하는 것은 쉬운 일이 아니다. 나는 방 조명으로 노란 빛을 좋아해서 집에 노란 빛 조명이 많다. 그렇다고 해서 내가 공간에 대한 감각이 특별히 좋은 건 아니다. 건축가인 친구를 저녁 식사에 초대한 적이 있었는데, 그녀는 우리 집을 둘러보더니 조심스레 말했다. "여기 이 테이블을 돌려서 벽 쪽으로 한 70센티미터 정도 밀어놓으면 공간을 훨씬 효율적으로 쓸 수 있을 것 같아. 그럼 지나가다 부딪히지도 않을 거야." 나는 반신반의하면서도 전문가의 조언을 받아들였다. 그리고 식구 중 그 누구도 좋아하지 않던 곳이 우리 집에서 가장 안락한 공간이 되었다. 지금은 테이블을 벽에 딱 붙여놓아 공간이 훨씬 더 넓게 보인다.

날아가야 하는 방향을 아는 철새처럼 어떤 물건이나 그림이 어디에 있어야 하는지 금세 포착해내는 감각적인 사람들이 있다. 이들은 본능적으로 그냥 알아챈다. 공간을 보는 눈과 감각은 아름다운 목소리나 뛰어난 운동신경처럼 타고난 재능이다. 어떤 사람은 이런 재능을 직업으로 발전시키기도 하지만 그렇지 않은 사람도 있다.

이 주제는 다소 광범위해서 코지한 것을 찾아내 자신의 생각을 공간에 잘 표현하는 사람에게 조언을 구했다. 코지의 의미를 잘 살리기 위해 전문 디자이너 몇 명의 말을 인용한다. 무엇을 어떻게 해야 할지 모르겠다면 전문가의 도움을 받는 게 가장 좋다.

엄마는 몇 가지 물건만으로도 코지한 집 안 분위기를 만들어냈다. 엄마의 조언을 소개한다.

작은 테이블 둥근 형태. 우리 집 테이블은 지름이 1미터 정도 되는데, 2~4인용으로 쓰는 게 가장 적합하지만, 6명까지 쓸 수 있다.

작은 테이블 직사각형. 우리 집 테이블은 190×83cm 크기로, 4~6인용으로 쓰는 게 가장 적합하지만 10명까지 쓸 수 있다.

다양한 크기와 종류의 베개 가능한 한 솜털을 넣은 베개.

책장 모든 방에 배치

바닥 딱딱하지 않은 바닥재

스툴 및 작은 의자 집에 작은 의자를 둬라. 네 살짜리 아이가 집에 오면 즐거워하며 곧장 의자에 가서 앉을 것이다. 어른들이 딴짓을 하고 있더라도 관심을 받는다고 느끼면서 말이다. 스툴도 마찬가지다. 특히 스툴은 발을 올려놓기에 좋다.

주방 너무 크지 않은 편이 좋다.

사람이 중요하다

네이슨 터너는 엔터테인먼트 디자인과 요리계의 거장이다. 여러 권의 흥미로운 책을 썼을 뿐 아니라 캘리포니아에는 제대로 된 주방이 갖춰진 숍도 있다. 네이슨은 자신의 미학적 관점과 일하는 방식이 어렸을 때의 기억에서 형성되었다고 이야기했다.

푸른색. 내게 있어 가장 코지한 푸른색은 캘리포니아 북부나 메인주에서 볼 수 있는 짙은 네이비블루입니다. 어린 시절, 우리 집은 바닷가 해협이 바라다보이는 곳에 있었어요. 고불거리며 굽어져 있는 해변이었지요. 그 안에 뛰어들고 싶다기보다는 편안한 의자를 가져다놓고 하염없이 바라보고 싶은 푸른색이 바로 집 앞에 펼쳐져 있었어요. 날마다 자러 갈 시간쯤 되면 밤안개가 마치 담요처럼 밀려왔지요. 짙은 푸른색과 회색, 녹색은 유년기의 기억을 떠올리게 해요.

어떤 색을 선택할지 겁이 날 땐 옷장을 열어서 옷장에서 가장 많은 부분을 차지하고 있는 색깔이 뭔지 한번 보세요. 그리고 그걸 선택하세요. 방 전체를 칠해야 하는데 무슨 색을 골라야 할지 몰라 두려워서 엄두조차 나지 않는다면 천장부터 칠하세요. 아이러니하게도 우리는 완벽하지 않은 것에서 코지함을 느낀답니다. 방에서나 저녁 파티에서의 경험이 당신이 무엇을 선택할 것인지를 이야기해 주지요. 이 이야기는 어떤 완벽한 것을 만들어내는 것에 대한 이야기가 아니고 중요한 이야기도 아니에요.

그러니까 제가 하고 싶은 말은 사람이 중요하다는 이야기예요. 사람들이 편안하게 느끼는 것이 중요해요. 그것이 바로 코지한 것이지요.

때로는 정돈되지 않은 상태가 코지할 수 있다

재미있는 이야기 하나. 에릭은 잘나가는 디자이너이자 네이슨 터너에게는 인생의 반려자다. 에릭과 네이슨은 서로가 인생에서 기쁨이 되는 관계이다. 그들은 일에 있어서도 서로에게 큰 도움이 된다. 이 둘과 동시에 이야기하는 것은 정말이지 코지하다. 넘치는 사랑으로 따뜻함이 전해지기 때문이다. 서로에 대한 사랑, 디자인에 대한 사랑, 건축과 공간에 대한 사랑, 음식과 엔터테인먼트에 대한 사랑, 자신을 위해 무언가를 창작하려는 사람들을 성심껏 도와주려는 열정. 이들은 사랑으로 가득 차 있다.

코지한 실내장식과 인테리어라……. 글쎄, 저는 지금 스스로를 표현하는 순간을 겪고 있는 것 같아요. 코지는 자유와도 연결돼요. 저는 제가 표현하려는 바에서 코지를 찾으려고 해요. 손으로 만든 것이나 특이한 것, 대량으로 만들어진 것이 아닌 것에는 우리에게 말을 거는 진정한 감상이 있는 것 같아요.

엣시Etsy나 이베이eBay 같은 온라인 아울렛이나 인스타그램은 이런 느낌을 담아 새로운 방식으로 작업하는 것을 가능하게 해요. 수천 명의 사람이 손수 깎아 만든 나무 숟가락이라니……. 전 나무 숟가락을 좋아해요. 멋진 도자기도 빼놓을 수 없지요. 마크라메나 텍스타일도 물론! 이런 것들을 집에 가져와 얼마든지 충분히 즐길 수 있어요. 자신을 표현하면서 즐거운 순간들을 만들어가는 것은 코지한 일이에요. 코지한 집에서 시간적 여유를 즐기면서 할 수 있는 일이 있다는 건 더없이 행복한 일이지요.

전 네이슨을 통해 정돈된 듯 아닌 듯한 혼돈 상태가 코지할 수 있다는 것을 배웠어요. 예전에 제 인테리어 경향은 아주 깔끔하게 정리된 느낌을 추구했어요. 그때의 작업들을 보면 아마 코지하다는 느낌을 찾기 어려울 겁니다. 시간이 지나면서 저도 접근하는 방식이 좀 더 부드러워졌어요.

이제 코지는 제가 인테리어를 할 때 가장 먼저 고려하는 요소가 되었어요. 사랑하면 사람이 좀 더 원만해질까요? 제 답은 "그렇다"예요.

몇 가지 소품을 이용하기

나는 대학 때 마일즈 레드를 만나 가장 친한 친구가 되었다. 다재다능한 그는 지금 세계적으로 유명한 건축가와 디자이너 명단인 『아키텍추얼 다이제스트 *Architectual Digest* 』의 'AD 100'에 오를 정도로 유명해졌다. 마일즈는 엄청난 재능을 지녔고 친절하고 다정한 데다 따뜻하면서도 스타일리시한 인테리어 감각을 지녔다. 그의 조언을 소개한다.

1. 지푸라기야말로 아주 코지한 것 중 하나다. 짚으로 다양한 형태를 만들 수 있다. 소박한 방식으로 표현하기에 이만한 것이 없다. 끝을 잘라서 둥글게 만들 수도 있고, 성기게 엮어 빛을 제대로 즐길 수도 있으며, 바구니를 만들어 장작을 가득 채운 뒤 시골집의 이글거리는 불가에 놓아둘 수도 있다. 어디에든 효과적으로 사용할 수 있고, 언제 봐도 아름답다.

   짚을 활용할 수 있는 몇 가지 유용한 정보를 알려주겠다. 나는 짚으로 바닥을 완전히 덮는 것을 좋아하지만, 러그 정도로만 활용해도 괜찮다. 짚으로 만든 모자를 옷걸이에 걸어두는 것은 어지럽게 걸려 있는 코트를 가리는 방법으로 제격이다. 버려진 짚을 재활용해서 만든 바구니와 연필통, 의자 등 뭐든 한번 사용해보라. 짚에 페인트칠을 하는 것도 괜찮다. 페인트칠을 하면 짚이 얼마나 근사해지는지 모른다. 짚은 집을 장식하는 아주 좋은 재료 중 하나이면서 대개 아주 저렴하다.

2. 트레이는 집을 정리하는 데 있어 필수품이다. 나는 트레이를 잘 활용하는 편이다. 쓸모없는 물건들을 마구 섞어놔도 트레이에 담겨 있으면 잘 정돈된 것처럼 보인다. 한번 시도해보라. 여기저기 늘어져 있는 종이 뭉치를 트레이에 놔보라. 간단하게 정리할 수 있는 방법이다. 트레이는 욕실용품을 담기에도 좋고, 주방에 놓아둬도 괜찮다. 주방에 있는 오일과 식초, 후추통을 진열하기도 좋다. 책상도 물론이다. 잡동사니를 넣어두는 데도 그만이다.

3. 나는 뭔가를 쓰기 위해 종이와 펜을 찾아 헤매는 것을 그다지 좋아하지 않는다. 그보다는 이런 것들을 어딘가에 밀어놓는 편이다. 테이블만이 아니다. 휴대폰 옆이나 주방에도 펜이 놓여 있다.

그릇과 종이, 펜을 가지고 좀 더 창의적으로 어떻게 할지 생각해보자. 깨진 머그잔에 펜을 가득 채운 것만큼 보기 싫은 것은 없다. 은색 컵에 세련된 느낌으로 뾰족한 검정색 끝만 보이게 담는 것이 내가 좋아하는 방식이다. 연필두 자루가 들어갈 정도의 뿔 모양 컵도 괜찮다. 앨버트 하들리의 말에서 따온 개념이지만 '잊지 마세요'라고 적혀 있는 노트 패드도 한 번쯤 사용해볼 만한 방법이다.

4. 제광 장치 또한 코지에 있어 중요한 요소다. 조명은 사실 인테리어에 있어 필수 아이템이다. 빛을 이루는 수많은 요소, 예를 들어 전등, 콘셉트 조명, 30와트짜리 전구는 할로윈의 호박처럼 집 안을 밝게 만들어준다.

5. 바는 아주 짧은 시간에 코지해질 수 있는 방법이다. 거실에 음료를 놓고 마실 수 있는 테이블을 만들어보자. 트레이 위에 얼음통과 술병, 작은 도마를 놓아두면 된다. 바로 즉시 그 공간은 누군가를 맞이하는 매력적인 공간이 될 것이다.

모든 방에 담요를 갖다 놓아라

내 친구 바네사의 본업은 보석 디자이너이다. 25년 전 우리가 웨스트 빌리지에서 같이 살 때 그녀는 집을 코지하게 꾸밀 수 있는 적절한 의견을 내놓았다. 바네사는 종종 옷장 크기만한 주방에서 핸드메이드 이탈리아 도자기 컵에 직접 내려 만든 카푸치노를 담아 마셨다. 주방은 그녀가 보석을 다듬는 작업 테이블 옆에 자리하고 있었는데, 두 사람이 한번에 들어갈 수 없을 정도로 좁았다. 그렇지만 제퍼슨 마켓 도서관의 시계탑을 볼 수 있는 창문이 있었다.

바네사의 조언은 간단하다. "가능하다면, 모든 방에 담요를 갖다 놔봐."

모든 것을 제자리에 두어라

케이티를 알게 된 건 책이나 TV 쇼에 나오는 라이프스타일 전문가로서가 아니었다. 처음 만났을 때 그녀는 부드럽고 맛있는 브란^Bran 머핀을 만들어주었다. 그녀는 냉장고에 늘 빵 반죽을 준비해두고 집에 오는 손님이나 가족들을 위해 신선한 빵을 만들어주는 것을 좋아한다. 케이티는 자신이 밝고 현실적인 사람으로 보이길 원한다. 그녀는 코지 그 자체다. 아래 소개한 그녀의 말을 읽어본다면 이 말에 충분히 동의할 것이다.

제가 생각하기에 집을 가장 코지하게 만드는 것은 사람들이 어디에서든 앉거나 자거나 먹을 수 있도록 모든 것을 제자리에 바로 있게 하려는 노력인 것 같아요. 전 가족은 물론 찾아오는 친구들이 저희 집에서 불편하지 않고 편안하게 있길 원해요. 그래서 집에 있는 모든 침실에 들어가 잠을 자보기도 하고, 의자나 소파마다 앉아

보고, 구석구석까지 들어가 혼자 공상하면서 시간을 보내요. 그리고 테이블에 앉아서 식사를 하거나 창문으로 밖을 내다보면서 사람들이 자리에 앉았을 때 뭘 원할지 생각해봐요.

저는 우리 가족과 우리 집을 방문할 모든 이를 위해 배가 고플 때 언제든 먹을 수 있게 주방 카운터에 간식거리를 담은 유리 용기를 놓아두고, 손님방 침대 위에는 베개를 세 개나 둬요. 손님이 마음에 드는 것을 골라 밤새 푹 잘 수 있도록 준비해두는 거죠. 책을 읽고 싶다면 원하는 어느 자리에서든 편하게 읽을 수 있도록 높이가 조절되는 조명도 준비해놔요. 차도 같이 마시고 싶다고요? 조명 바로 옆에 잔을 놓을 테이블이 준비되어 있습니다.

제가 사랑하는 사람들이 우리 집에서는 언제든 하고 싶은 대로 그냥 다 할 수 있으면 좋겠어요. 그게 제겐 코지한 일이에요.

자연의 존재에
기대라

미션 1. 당신이 편안하게 생각하는 동물들을 나열해
보라.
미션 2. 반려 동물에 기대어 깊게 숨을 들이쉬어라.
미션 3. 한 명의 인간으로서 이 세계와 연결되어 있음을
느껴라.

이전에도 그랬지만, 이 책을 쓰는 동안 나는 코지에 푹 빠져버렸다. 하는 일마다 코지한지, 왜 그렇게 생각하는지 계속 질문했다. 설거지. 이것도 코지한 일일까? 그렇다. 온도와 정리, 장악의 적절한 조합이 필요한 일이니까. 갑자기 약속 시간이 늦춰지는 것은? 글쎄, 바보 같은 소리겠지만 그럴 수도 있다. 늦춰진 시간까지 레모네이드를 만들어 먹을 수 있으니까 완벽히 코지한 시간이 생길 수도 있다. 책 읽는 것을 좋아한다면 약속 시간까지 자신이 좋아하는 책을 볼 수 있다. 약속 시간까지 카페에 앉아 사람들을 관찰하면서 그들과 연결되어 있는 느낌을 느껴보는

것은 어떨까? 싸우는 사람, 키스하는 사람, 햄버거를 먹는 사람, 신문을 읽는 사람 등 다양한 모습의 사람들을 볼 수 있다. 물론 혼자만의 시간을 보내고 싶을 수도 있다. 혼자서 차를 마실 만한 구석진 곳을 찾아 시간을 보내는 일은 한 주 동안 당신이 할 수 있는 가장 코지한 일이 될지도 모른다. 다른 계획을 떠올리며 마음을 안정시킬 수도 있다. 특별한 어떤 일을 해서 만족감을 찾을 수도 있다. 이 모든 것이 코지한 일이다.

좀 더 힘든 상황을 한번 떠올려보자. 응급실은 어떤가? 응급실은 정말이지 힘든 곳이다. 한 달 새 혼자서 응급실에 두 번이나 갔던 적이 있다. 맹장이 터진 듯한 고통이 느껴졌다. 남편이 병원에 같이 가겠다고 했지만, 어린아이들이 아무도 없는 집에서 아침에 깨는 게 싫어서 혼자 움직였다. 의사는 맹장이 아닌 다른 부위에 문제가 있는 것 같다며, 신장 결석이 의심된다고 했다. 나는 세 시간 동안 응급실에 있을 수밖에 없었다.

새벽 2시, 168번 가에서 나는 코지한 뭔가가 절실히 필요했다. 춥고 두려웠다. 주변에는 온통 힘들어하는 사람들뿐이었다. 이런 상황에서 어떻게 코지한 것을 찾을 수 있었을까? 처음에는 간호병동에 있는 간호사들을 지켜봤다. 간호사들이 왔다 갔다 하는 커다란 U자형 테이블 뒤는 온통 그들의 세상이었다. 강도 7의 통증이 한 번 지나간 뒤에야 간호사들의 대화가 들렸다. 그들은 다른 사람들에 대해 이런저런 이야기를 했다. 세상에 사는 모든 사람은 다른 사람의 이야기들을 한다. 그 순간, 나는 그들과 연결되어 있으며 그들이 날 도울 수 있을 거라는 생각이 들었다. 이내 마음이 안정됐다.

부드러운 천으로 만든 수술복을 입은 의사들이 내 앞을 지나갔다. 이들은 얼마나 많은 사람을 구해냈을까? 이런저런 생각을 하다 보니 혼자라는 생각이 조금은 가셨다. 나는 구석에 앉았다. 내가 코지를 느끼기 위해 취하는 방법 중 하나다. 임신한 아내를 데리고 온 남자가 샌드위치와 감자 칩을 건넸다. 인간에 대한 선의였다. 조그만 가게에서 어떤 사람이 샌드위치를 만드는 모습이 떠올랐다. 사람들은 낯선 사람일지라도 서로 도우려고 한다. 이 사실이 내게 희망을 주었다. 이렇듯 응급실에 음식을 포장해 가져오는 일이 우리 주변에 있는 사람들과 세상과 연결되어 있다고 생각했을 때 난 비로소 코지할 수 있었다.

초점에서 조금 벗어난 이야기지만, 병원에 있었던 다른 날 이야기다. 밤에 몸 상태가 좀 심각해지면서 예의고 뭐고 차릴 것도 없이 난데없이 토를 해댔다. 뭔가를 잘못 먹은 게 분명했다. 아무튼 그 상황이 불안할 만하다는 데는 모든 사람이 동의할 것이다. 잠시 긴장이 풀렸을 때 흐트러진 머리를 대충 묶고 세수를 했다. 얼굴이 축축하게 젖은 상태에서 통증 때문에 겨우 숨만 내쉬었다. '이런 상태에서 코지한 건 뭐가 있을까? 이렇게 고통스러운 상태에서 코지한 것을 어떻게 찾을 수 있지?' 나는 아이들과 남편을 생각했다. 그리고 내가 토한 원인이 뭔지 고민했다. 크랩 케이크 때문일까? 아니면 진짜 어디가 정말 안 좋은 걸까? 코지라고는 찾아볼 수 없는 상황이었다. 그러고 있는데 13킬로그램이 넘는, 하마같이 커다란 덩치의 반려견 모드가 어기적거리며 내게 다가오더니 자기 등을 내 등에 기댔다. 서로가 닿은 그 순간, 모드에게 고마움을 느꼈다.

나는 모드가 하는 대로 따라서 숨을 깊게 들이마시고 천천히 내뱉었다. 여전히 아팠고 나아진 것은 하나도 없었다. 비록 말하지 못하는 동물이지만, 그 순간 내 상태를 최선으로 끌어올리기 위해 모드에게 의지해야겠다는 생각이었다. 그러다가 나는 잠이 들었다.

인간은 본능적으로 동물을 좋아한다. 〈돌아온 래시^{Lassie come home}〉라는 영화를 보면 "개가 인간의 가장 친한 친구"라고 큰소리로 외치는 것만 같다. 동물이 얼마나 코지한 존재인지, 그런 동물과 함께하는 사람들은 얼마나 코지한지에 대한 책도 여러 권 있다. 내 친구 줄리 클램의 아주 사랑스러운 책 『유 해드 미 앳 우프^{You Had Me at Woof}』와 그 유명한 존 그로건의 『말리와 나^{Marley and Me}』를 예로 들 수 있다. 제인 구달의 『제인 구달-침팬지와 함께한 나의 인생^{My life with the Chimpanzees}』은 믿기 어려울 만큼 환상적인 내용을 담고 있다. 얼마 전 사이 몽고메리의 『문어의 영혼^{The Soul of an Octopus}』을 읽었는데, 세상에 대한 인식을 변화시키는 놀라운 책이었다. 해양생물학자 한 분과 큰아들, 나 이렇게 셋이서 시애틀 아쿠아리움에 간 적이 있는데, 수족관 벽에 붙어 있던 엄청난 크기의 참문어를 45분간 멍하니 구경하는 것을 보고 그 분이 추천해준 책이다.

내가 편안하게 생각하는 동물들을 나열하면 이렇다. 개, 고릴라, 용(날아다니는 신비로운 동물을 말하는 것이 맞다. 나는 20대 때 용 문양이 새겨져 있는 아름다운 중국 접시를 가지고 있었다.), 당나귀(엄마가 사랑하는 동물 중 하나다. 아주 다부진 애들이다.), 펠리컨(하늘 위에 떠 있는 게 쟁기 세 자루인지 펠리컨인지 보는 것만으로 재밌다.), 앵무새(재미있는 동물이다. 사람들이 먹을 때 따라서 먹고, 목욕하는 것을 좋아한다.), 블루 크랩(메인 주에 있는 여름 내내 블루 크랩을 찾았는데, 주로 바위틈에서 살고 새끼들은 아주 작다.), 판다(애니메이션 〈쿵푸 판다〉를 보고 좋아하게 되었다.), 이구아나(보고 있으면 왠지 침착해진다.), 소(성격이 점잖고 몸이 무거워 느릿느릿하게 움직인다.), 마지막으로 코끼리(현명하고 똑똑하며 사랑스러운 동물이다.). 다양한 동물 중에서 좋아하는 것을 몇 가지 골라보라. 인생의 이정표가 되어줄 것이다. 자연의 존재에 기대는 것은 코지를 발견할 수 있는 좋은 방법이다.

메트로폴리탄 박물관에서 황금제국 전시회를 본 적 있다. 고대 아메리카의 금광 발굴에 관한 것으로 아즈텍, 잉카 문명, 안데스, 중앙아메리카, 멕시코에서 온 사람들보다 이곳에 먼저 정착한 사람들에 관한 전시회였다. 금으로 된 코걸이, 왕관, 입마개 등 엄청나게 정교한 기술로 제작된 장신구를 보니 당시의 한 발 앞섰던 감각이 느껴졌다. 거의 모든 장신구에 갖가지 동물 모양이 새겨져 있었다. 기원전 400년경 여성 통치자의 것으로 보이는 문어 모양이 새겨진 아름다운 왕관과 옥으로 가재나 새우 모양의 코 싸개, 박쥐 모양의 입 싸개가 눈에 띄었다. 당시의 장인들이 장신구에 동물 모양을 새겨놓은 이유는 동물이 사람들과 신을 연결해준다고 믿었기 때문이다. 이들에게 동물은 인간이 현생에서 살다가 내세로 가기 전 밟는 중간 과정이었다. 나 역시 동물이 인간보다 영적 세계와 가깝다고 믿는다.

최근에 둘째로 들인 반려견의 훈련을 막 끝냈다. 강아지를 훈련시킬 때는 더러 좌절감이 들기도 한다. 한마디로 끝나지 않는 오줌과의 전쟁이다. 이런 상황에서 코지를 찾는 것은 끊임없는 도전이었다. 다행스럽게도 내겐 매일매일 해야 하는 일상과 나만의 즐거운 방식으로 만들어가는 일들이 있었으며, 코지한 상태를 유지해주는 장소에서 치르는 나만의 의식이 있었다. 하지만 새로 입양한 강아지로 인해 이 모든 것이 얽히면서 한번에 무너지는 기분이 들었다.

몹시 추운 1월의 어느 날 새벽 3시, 눈이 지저분하게 쌓여 있는 집 주변에서 강아지 듀크를 달래고 있을 때였다. 초조해진 나는 우리 강아지가 화장실로 이용할 수 있는 공간을 얼른 찾아낼 수 있기를 바랐다. 나는 생각했다. '이런 상황에서는 코지한 것이 도대체 뭘까?' 밖은 너무 추웠고 어디가 어딘지 방향도 알 수 없었다. 마치 뉴욕 한복판에 나 혼자 떨어져 있는 것만 같았다. 누가 어디에 숨어 있어도 전혀 알 수 없을 것 같았다. 그런데 그곳에 듀크가 있었다. 냄새만 맡을 줄 알지 전혀 아무것도 할 줄 모르는 우리 집 강아지. 코지를 발견하는 데는 어느 정도의 탐색이 필요한 법이다.

나는 달빛에 기대어 계속 걸었다. 그러면서 로라 잉걸스 와일더가 서부 개척 시대 자기 가족들의 경험을 소설로 쓴『초원의 집』을 떠올렸다. 이 책에 나오는 모든 등장인물들이 얼마나 많은 일을 하는지 생각했다. 소젖 짜기, 나무 베기, 야채 저장, 통나무집 청소하기 등 울타리를 어떻게 정리하는지 설명하는 내용만 무려 여덟 페이지에 이른다. 초원의 집 가족들에게 가장 중요한 것은 그들의 집과 동물, 그리고 지구를 잘 관리하는 일이었다. 이 순간, 내 삶의 목적은 강아지의 배변 욕구를 살피는 데만 머물러 있지는 않았다. 하지만, 녀석은 오로지 배변 욕구에만 신경이 쏠려 있는 듯했다.

내가 뭘 해야 할지 바로 감이 왔다. 정신을 가다듬고 나는 이 어둠에서 궁금한 점을 찾기 시작했다. 누가 이 시간에 자고 있으며 누가 깨어 있을지 생각했다. 이 도시에 살고 있는 수천 명의 사람들은 무언가를 보살피고 있을 것이다. 어떤 엄마는 아기를 돌보느라 깨어 있을 수도 있고, 대형 식당에서 설거지가 끝난 세척기에서 그릇을 꺼내 정리하느라 바쁜 사람들도 있을 것이다. 거리를 청소하는 쓰레기 수거원도 밤 거리를 바삐 달리고 있을 것이다. 글이 잘 써지지 않는, 혹은 자신의 글에 너무 열중한 작가 역시 밤을 지새우고 있을 것이다. 사람들이 매일매일 하는 일들을 떠올리자 나라는 존재가 개인이기 전에 하나의 인간으로 이 세계와 연결되어 있다는 느낌이 들었다. 그리고 곧 강아지의 배변 공간을 찾을 수 있었다.

그날 밤 짜증이 몰려왔던 거리 속에서 나는 연결을 통해 코지할 수 있는 방법을 다시 한 번 배웠다. 나의 삶에는 또 이런 상황이 닥칠 것이다. 난 또 짜증이 날 테지만 조금 더 능숙하게 코지를 찾을 수 있을 것이다. 이처럼 코지는 경험을 통해 만들어나갈 수 있다. 결코 한 순간에 완성되는 것이 아니다.

옷과 당신을
연결시켜라

미션 1. 당신의 정체성을 나타내는 옷을 골라라.

미션 2. 자신만의 시그니처 옷을 만들어라.

"전 불편한 건 딱 질색이에요." 패션 아이콘이자 〈보그Vogue〉 잡지에 오랫동안 글을 기고한 마리나 러스트가 한 말이다. "제가 LA로 이사를 했을 때 그곳에선 스타킹을 신을 필요가 없었어요. 그리고 감사하게도 다시 그곳으로 돌아갔을 때도 스타킹을 신는 사람이 아무도 없었어요. 다리에 뭐가 감겨 있는 느낌은 딱 질색이거든요."

코지한 옷은 어떤 것일까 고민하다가 마리나가 이야기한 편안하다는 의미에 대해 생각해봤다. 단순히 몸이 편안하다는 것이 아니라 문화적으로 무난하고, 보기에도 좋고, 개인적으로도 편안하다는 의미일 것이다. 몸은 우리 정체성을 나타내는 일종의 상징성이다. 다양한 이야기가 얽혀 있으며, 다양한 관계가 훑고 지나가는 축소된 집 같은 곳이다. 남편에게 즐겨 입는 옷에 대해 물어봤다. 그는 양복이 달랑 두 벌뿐인데, 이 옷들이 자신에게 얼마나 잘 맞으며, 옷을 입었을 때 어떻게 보이는지 잘 알고 있다.

옷과 패션은 다른 범주다. 사실 나는 이 분야에 대해 아는 것이 별로 없다. 옷에 대해 생각할 때, 내 머릿속에 퍼뜩 떠오르는 것은 다리 부분에 아이들의 학교 이름이 박혀 있는 네이비색 운동복 바지다. 지금 이 순간에도 입고 있는 흰색 목욕 가운도 빼놓을 수 없다. 약간 묵직한 면 소재로 만든 가운은 내 몸에 딱 맞으면서도 포근해서 흠잡을 데라곤 하나도 없다.

아버지는 몸이 따뜻하려면 항상 양말을 신어야 한다고 말씀하셨다. 외풍이 들어오는 3월에 집 안에서 맨발로 돌아다니는 것이 눈에 띄면 아버지는 "양말은 어디다 두고?"라고 물어보셨다. 아버지는 내가 차가운 자갈 더미에 발가벗고 앉아 있는 것을 본 것 같은 얼굴을 하고 계셨다.

그래서인지 나 역시 아이들이 숙제할 때 양말은 신었나 싶어 테이블 아래를 확인하곤 한다. 프랑스에 사는 사촌들은 늘 스카프를 한두 개쯤 가지고 다니거나 보기 좋게 두르고 다녔다. 스카프는 세련돼 보이기도 하고 틈새 바람도 잘 막아주었다.

초등학교 때는 겨울이 되면 거의 매일 양털 스웨터를 입고 다녔다. 우리 집 애들이 양털 스웨터를 입고 밖으로 나가는 것을 보면 아이들이 높은 산을 등반하더라도 스웨터를 입었으니 추위에 떨지는 않겠군 하는 생각으로 마음이 하루 종일 편안하다.

옷과 관련, 나의 코지 목록에 가장 먼저 들어갈 것은 목이 긴 스니커즈 운동화다. 20대 때는 다른 신발을 신었을지 모르겠지만 내가 생각하기에 스니커즈는 신발의 모든 장점을 다 가지고 있는 신발이다.

나는 1986년부터 쭉 피 코트, 수십 년 된 청바지, 오트밀 컬러의 제이 크루J. Crew 스웨터를 입고 다닌다. 미국 북동쪽 추운 지역에서 대부분의 시간을 보낸 나로서는 지극히 당연한 선택이다.

이 옷들에는 개인적인 경험들이 녹아 있다. 옷은 우리를 과거의 세대는 물론 어쩌면 잘 모르는 누군가와도 연결시켜준다. 나는 친구들이 입고 있는 코트나 드레스가 유독 잘 어울릴 때 예쁘다는 칭찬을 많이 하는데, 그때마다 그들은 당연하다는 듯 "우리 할머니 거야"라고 말한다. 젊은 연인이나 부부가 서로의 티셔츠를 입는 모습이나 딸이 엄마의 웨딩드레스를 입는 것을 생각해보라. 조카가 자기 아빠의 탈리스tallith(유대인 남자가 아침 기도 때 어깨에 걸치는 숄―역자 주)를 바트미츠바bat mitzvah(유대교에서 12~14세 된 소녀에 대한 성인식―역자 주) 때 입었던 기억이 난다.

우리 두 아들은 남편의 포켓 스퀘어를 서랍장에 넣어두고는 허세를 부리고 싶을 때 가끔 꺼내본다. 두 아이는 자라면서 체격이 비슷해지자 서로 옷을 바꿔 입기 시작했다. 옷을 공유하다 보면 서로 결합되어 있다고 느낀다. "내 것이 네 것"이라는 코지 철학처럼 말이다. 그러다 보면 개인의 정체성이 옷에 뒤죽박죽 섞일 수 있다는 생각이 들면서 뭔가 모를 짜릿함이 느껴진다.

나는 내가 다른 문화권의 옷도 입을 수 있다고 항상 생각했다. 동남아시아의 전통 의복인 사리^{sari}는 입는 방법이 무려 80가지나 된다. 큰 모자가 달린 북아프리카의 젤라바^{djellaba}는 뜨거운 햇빛을 가리거나 기온이 낮을 때 몸을 따뜻하게 해줄 뿐 아니라 품이 넉넉해서 시장에서 산 빵을 담아 집으로 가져갈 때도 유용하다.

작년에 남편의 일 때문에 모로코 마라케시를 함께 여행한 적이 있다. 그곳의 공기는 짙은 민트 향으로 가득했다. 조그만 당나귀가 수레를 끌고, 올리브가 담긴 큰 항아리와 타진^{tagine}(북아프리카의 타진 요리용 냄비)이 피라미드처럼 잔뜩 쌓여 있었다. 사람들로 북적이는 좁은 골목길에 옷장만한 크기의 나무 숟가락을 파는 가게가 하나 있었다. 운 좋게 여러 가지 색상의 카프탄^{kaftans}과 튜닉^{tunics}이 가득했다. 걸려 있는 옷들도 있었지만 대부분 군복처럼 깔끔하게 접힌 상태로 쌓여 있었다.

나는 울 소재의 크림색 젤라바(모로코인 남성이 주로 착용하던

카프탄형의 가운—역자 주)에 커피색 실크 장식 끈을 묶어서 입어 봤다. 이리저리 옆으로 몸을 돌려가며 거울을 보는데 마치 새신 부가 된 듯한 기분이었다. 등 뒤에 얌전히 매달려 있는 둥근 빵 모양 모자에 빵 한 덩이를 넣어서 집으로 가져가면 좋을 것만 같았다. 부드러우면서도 가벼운 소재의 가운은 우아하면서도 편안했다. 나는 그 옷을 계속 입고 싶었다. 집에서 늘 편하게 입 을 수 있을 것 같았다. 특히나 뉴욕의 추운 밤에 입으면 더 좋을 것 같았다.

이 옷은 지금 내 옷장에 있지만 옷을 꺼낼 때마다 꼼꼼하 게 만든 짜임새를 보고 왠지 내 것이 아니라는 생각이 들어 다 시 제자리에 걸어둔다. 젤라바 같은 옷은 그만의 전통과 의미가 깊이 배어 있다. 색깔도 아주 특별하다. 객관적으로 보면 이 옷 이 코지하면서도 아름답다는 생각이 들다가도 내가 이 옷을 입 는다고 생각하면 왠지 어색하게 느껴진다. 나는 나 자신에 대해 잘 몰랐던 것이다.

우리가 입는 옷은 우리가 누구이며 어디에서 왔는가 하는 문제와 조화를 이뤄야 한다. 그래야지 코지를 만들어낼 수 있 다! 나라는 사람은 이런 옷이 맞는 수도사와는 거리가 멀다. 단 순히 종교적인 관습에서 나온 옷의 형태를 찬양하기만 한 것이 다. 젤라바가 나의 정체성과 연결되는지는 생각해보지 않은 것 이다. 남편의 옷처럼 매일매일 입을 수 있는 유니폼 같은 옷이 내겐 편안하다.

마리나는 옷을 입는 것에 있어 코지란 우리가 누구인지에 대해 자신감을 갖는 일이라고 이야기해주었다. 그녀는 대학 시절 날마다 붉은 립스틱을 완벽하게 바르고 다녔던 한 친구 이야기를 해주었다. 그녀의 모습에 감탄한 마리나와 친구들 그대로 따라해봤지만, 아무도 그녀만큼 완벽하지 못했다. "그 립스틱은 그 여학생이 누구인가를 분명하게 해주는 것이었지. 우린 그 아이만큼 립스틱을 잘 소화하고 싶었지만 그러지 못했어." 자신만의 시그니처를 갖고 싶은 마음이 강해지면, 이는 자신에게 더 익숙해질 수 있다는 의미라고 생각해도 된다.

때로는 옷과 관련된 정체성을 인지하는 것이 어렵기도 하다. 마리나는 옷을 입었을 때 칭찬받는다면 그 옷을 입으라고 했다. 색깔이 잘 어울린다는 얘기를 들었다면 그 색깔 옷으로 옷장을 채워라. 그게 당신의 시그니처가 될 수도 있다.

엽서는 코지한 정서를
가지고 있다

미션 1. 마음에 드는 엽서를 골라보라.

미션 2. 엽서에 당신의 필체로 메시지를 남겨보라.

미션 3. 특별한 엽서는 침대 맡 벽에 모아보라.

코지와 관련해서 엽서는 확실히 개인의 경험에 속하는 영역이다. '안녕! 나 지금 어디에 있고 뭐했어. 지금 네 생각을 하고 있어.' 이렇게 말이다. 지금은 휴대폰으로 사진을 보내기도 하고 소셜 미디어에 일상을 공유하기도 쉬워져 누군가에게 엽서를 보내는 일이 드물어졌다. 그래서 누군가가 직접 쓴 필체를 보기도 어려워졌다. 아쉬운 일이다.

나는 엽서에 서로만 알 수 있도록 아주 은밀하게 립스틱을 발라 키스 자국을 남긴 적이 있다. 둘째 아들 토머스의 이모는 집 근처 가까운 도시를 가든 아주 멀리 떨어진 도시로 여행을 가든 매번 아이에게 엽서를 보낸다. 인생을 어느 정도 살다 보면 아이는 어느 날 문득 이모가 자기를 얼마나 생각하고 있는지를 깨닫게 될 것이다.

사람들이 실제로 박물관에서 얼마나 오랫동안 시간을 보내는지 나는 잘 모른다. 나는 박물관에 자주 가긴 해도 오래 있지 않는 부류에 속한다. 예술사를 전공하고 메트로폴리탄 박물관에서 근무했던 엄마는 박물관만큼 중요하고 훌륭한 곳은 없지만, 박물관에 가는 일은 진이 빠지는 일이라고 말씀하셨다.

엄마는 7분 만에 박물관 정복하는 방법을 고안해냈다. 엄마는 프랑스에 살았던 엄마의 할아버지 덕분에 파리에 있는 루브르박물관을 가장 많이 가보았다. 그러나 이 방법은 어느 박물관에나 다 적용할 수 있다. 어린아이들은 7분 동안 〈사모트라케의 니케 The Winged Victory of Samothrace〉, 〈밀로의 비너스 The Venus de Milo〉, 〈모나리자 The Mona Lisa〉 같은 작품들을 구경한다. 그럼 루브르박물관에는 이 작품들 말고는 볼 게 없단 말인가?

엄마는 아이들이 감당하지 못하는 것을 억지로 시켜서는 안 된다고 생각하셨다. 박물관이라는 공간이 작품을 보면서 눈물도 흘리고 경이로움에 놀라기도 하면서 감정을 변화시키기 쉬운 공간으로 받아들여지기를 원하셨다. 엄마는 우리에게 박물관은 편한 곳이라고 가르쳐주셨다. 우리가 늘 자발적으로 박물관을 찾게 된 것은 전적으로 엄마 덕분이다.

그런데 박물관에 가는 이유가 꼭 예술품을 보기 위한 것은 아니다. 그곳에는 엽서도 있다. 생생하게 기억나는 장면이 있다. 박물관 복도를 따라 천천히 걷던 엄마는 반 고흐의 〈별이 빛나는 밤^{Starry Night}〉과 작은 이집트 조각상이 담긴 4×6 사이즈 엽서를 모아놓은 선반 앞에 멈춰 서서 유심히 살펴보셨다. 엽서들 가운데 엄마의 시선을 끄는 것이 있었다. 평소 좋아하시는 당나귀 사진이 들어 있는 엽서나 레오나르도 다빈치의 작품이었던 것 같다. 엄마는 엽서를 들어 뒷면을 돌려 읽어보고는 다른 엽서를 더 훑어보기 전에 엽서 네댓 개를 챙겨 들었다. 엄마는 엽서를 정말 좋아했다. 나중에 엽서가 쓰고 싶을 때에 언제든 꺼내서 쓸 수 있도록 엽서 컬렉션을 만들어둘 정도였다.

박물관에 갈 때마다 꼭 엽서를 한 장씩 사는 친구도 있다. 그는 그렇게 사온 엽서를 나중에 누군가에게 주거나 아니면 같이 갔던 사람의 이름과 날짜를 뒷면에 적어 벽에다 붙여놓는다.

엽서는 특유의 정취가 있다. 개인이 모은 엽서를 보면 그 사람의 취향을 알 수 있다. 모아진 엽서에는 제각기 역사가 담겨 있다. 엽서를 받는 사람은 그 엽서가 디아비콘 미술관에 갔을 때 산 엽서인지, 그해 여름이 얼마나 더웠는지, 그곳에 남자 친구와 같이 있었는지 아무것도 알 수 없다. 그러나 엽서에 쓰여진 글에서 그날의 에너지를 그대로 전달받을 수 있다.

엽서는 마음이 내키면 언제든 보낼 수 있다. 누군가가 당신의 집에 스웨터를 두고 가서 다음 날 돌려줘야 할 때 옷과 함께 엽서를 놓아두는 것도 좋다. 운이 좋다면 이미지가 담긴 엽서가 있어 상황에 딱 맞는 메시지를 전달할 수 있을 것이다. 저녁 식사에 초대해줘 고맙다는 메시지를 담아 쿠키 한 접시와 엽서를 이웃집 앞에 남겨둬도 좋을 것이다. 시험을 잘 보라는 짧은 글귀를 써서 아이들 책가방에 넣어두거나 미처 지키지 못한 약속이 있다면 최대한 활기차고 밝은 메시지를 담아 엽서를 보내도 좋다.

엄마에게 받은 엽서 한 장을 소개하고 싶다. 이 엽서를 언제 받았는지 정확히 기억나지 않는다. 엽서 속 이미지는 리처드 아베돈의 흑백 사진으로, 〈뒤비마의 코끼리Dovima with Elephants〉라는 작품이 실려 있다. 디오르의 모델 뒤비마가 검정색 이브닝 가운에 옅은색 띠를 두르고 거대한 코끼리 두 마리 사이에 서 있다. 그녀의 새틴 구두는 바닥에 깔린 건초 위에서 우아하게 앞을 향해 있고 팔은 거대한 동물 사이로 쭉 뻗어 있다. 이 이미지 속 뒤비마는 백조를 연기하는 발레리나처럼 보인다.

나는 이 사진을 보는 순간 홀딱 빠졌다. 엽서 뒷면에는 독특하게 세로로 쭉쭉 뻗어 있는 엄마의 글씨가 적혀 있다. "세상에서 가장 아끼는 우리 딸, 사랑한다. 엄마가." 간단하지만 엄마의 마음이 충분히 전해지는 메시지다. 글의 반은 붉은색 잉크로, 나머지는 초록색 잉크로 쓰여 있는 것으로 봐서는 크리스마스 선물과 함께 받은 것 같다. 무슨 선물을 받았는지는 기억나지 않지만, 이 엽서는 내가 소중하게 생각하는 것 중 하나다. 이처럼 단돈 50센트짜리 엽서에도 특별한 의미를 실을 수 있다. 이 엽서는 오랜 세월 동안 내 침대 옆 테이블 위 조명 앞에 놓여 있었다. 한때는 코르크보드에 압정으로 꽂아두어서 엽서 사방 모서리에는 작은 구멍의 흔적이 있다.

내 침대 옆 테이블에는 하트 모양이 있는 엽서가 놓여 있다. 주방에 있는 엽서는 아돌프 덴이 센트럴 파크를 그린 수채화가 담겨 있는 것으로, 친구가 음식을 먹고 그릇을 돌려주면서 주고 간 것이다.

얼마 뒤 둘째 아들 토머스의 바르미츠바 의식이 있을 것이다. 거기에 가려면 엽서와 갓 성인이 된 아이에게 주기 위한 수표가 필요하다. 아이에게 모아둔 엽서를 뒤져보라고 했더니, 윈슬로 호머의 〈초원 위에 앉아 있는 두 소년^{Two boys in a posture}〉이 인쇄된 엽서를 찾아냈다.

엽서를 스쳐 지나는 동떨어진 물건처럼 생각할 수도 있다. 그러나 엽서는 나라는 사람과 같이 세월을 쌓을 수 있는 아주 오랜 보물과도 같은 존재다. 그때의 마음과 분위기를 모두 흡수해 오래도록 내 곁에 남을 수 있는 물건이 엽서 말고 또 있을까?

아날로그에
주파수를 맞추기

미션 1. 라디오의 주파수를 맞춰보라.
미션 2. 라디오 속에서 흘러나오는 목소리에 귀를 기울여보자.

TV가 대중화되고 유튜브가 전 세계 사람들의 대중 매체로 자리 잡았다. 그럼에도 여전히 라디오는 사라지지 않고 일상에 존재하고 있다. 그것은 아마도 라디오가 주는 코지를 우리 모두 느끼고 있기 때문일 것이다. 아날로그 라디오의 주파수를 맞출 때면 차를 한 모금 들이마셨을 때, 초콜릿을 베어물었을 때처럼 알 수 없는 온기가 스쳐 지나간다. "딸각" 하는 소리와 함께 날씨, 교통, 뉴스, 이야기, 사실, 의견 이 모든 것이 당신 안으로 들어온다. 거기에는 또한 사람이 있다. 지금까지 한 번도 만난 적 없는 사람이라도 라디오로 전해지는 목소리를 듣고 있으면 가깝게 느껴진다. 나에게 라디오는 코지를 비축할 수 있는 좋은 원천이다.

어느 날 라디오에서만 들었던 목소리의 주인공을 직접 만난 적이 있다. 큰 파티에 참석했는데, 유달리 눈빛이 반짝이는 여자가 서 있었다. 줄리아 로버츠와 꼭 닮은 그녀는 레이첼 마틴이라고 자신을 소개했다. 설거지를 할 때나 차를 우릴 때 혹은 하루를 마무리할 때 듣던 그 목소리의 주인공이었다. 그러니까 1998년 CBS방송국 엘리베이터에서 댄 레더와 우연히 마주쳤을 때와 같은 기분이었다. 그땐 너무 놀란 나머지 말도 나오지 않았다. 나는 겨우 정신을 차리고 자리에 앉았다. 한 번 경험해봐서 좀 용감해지기도 했다. 인생에서 단 한 번 있는 행운의 순간이었다. 레이첼이 해준 말을 소개한다.

라디오는 제게 가장 친숙한 매체예요. 목소리만 있을 뿐, 어떤 것도 집중하는 데 방해되는 장치가 없지요. 메이크업, 의상, 카메라 같은 장치가 있으면 내용에 온전히 집중하기가 힘들어요. 귀에 들리는 목소리만한 것이 없지요.

이어폰을 끼면 상대방을 느낄 수 있어요. 친숙하게 소통하는 것은 아주 편안한 일이에요. 목소리는 그 사람의 진짜 모습을 보여줘요. 그 안에 진실이 담겨 있어서 어떤 기교도 부리지 않은 본래 모습과 닿게 되지요. 질문했을 때 게스트가 진실을 이야기하려고 잠시 주춤하는 것을 들으면 청취자는 그 사람과 동화되는 기분이 들어요.

그뿐 아니라 라디오는 주방이나 차 안, 샤워하는 지극히 개인적인 공간에서도 들을 수 있어요. 그래서 라디오는 청취자가 진행자와 게스트 모두와 가깝다는 느낌을 받을 수 있어요.

그런데 막상 라디오를 진행하는 저는 코지한 환경을 만들기 위해서 부단히 노력을 해요. 실시간으로 이뤄지는 방송은 상상 이상으로 다양한 일들이 일어날 수 있어요. 일단 라디오를 진행하는 스튜디오는 그다지 코지한 공간은 아니랍니다. 전 햇빛 같은 밝은 빛을 아주 좋아하고 이런 환경이 필요한 사람인데, 대개 스튜디오는 그렇지 않아요. 조명 밝기를 낮게 해서 아주 어두운 공간이지요. 스튜디오 내부가 춥기 때문에 숙모가 주신 어두운 녹색 담요를 늘 주변에 둬요. 다리 위에 덮고 있죠. 커피는 항상 제 오른쪽에 둬요. 집에서 나올 때 여행지에서 사 온 머그컵을 들고 와요. 디자인도 별로고 밋밋한 느낌이지만 저는 이 컵을 사랑해요. 특히 손잡이를요.

보통 집에서 새벽 3시쯤 나와요. 아무리 열심히 노력해도 일어날 때가 되면 늘 한결같이 엉망진창이지요. 늘 찌뿌둥한 상태로 스튜디오에 도착하는데, 물리적인 공간이라도 가능한 한 편안하게 만들려고 애쓰는 편이에요. 모든 것이 정리되어 있어야 일할 수 있다는 기분이 드니까요. 주변 상황을 장악할 수 있어야 해요.

제 모니터 속 글씨체와 크기도 정해두지요. 출연진의 이름은 순서대로 스크린 옆에 떠 있어야 하고, 트위터나 폭스, MSNBC 등 뉴스는 언제나 볼 수 있도록 오른쪽에 준비되어 있어야 해요. 왼쪽 헤드폰은 귀에 걸쳐서 뭐가 나오는지 들을 수 있어야 하고, 오른쪽 귀에는 헤드폰을 끼지 않아서 스튜디오 상황을 들을 수 있어야 하지요. 모든 것이 준비되기 전에는 녹음을 시작할 수 없어요. 이 모든 것이 쓸데없는 일처럼 보일지 몰라도, 내가 만든 구조가 질서 정연해지면 일을 제대로 할 수 있다는 생각이 들어요. 상당수의 뉴스는 거의 막판에 정리돼요. 급작스럽게 모든 게 바뀌거나 예기치 못한 아주 다양한 상황에 놓일 수 있어요. 이럴 때 제가 만든 일련의 환경들은 유연하고 침착하게 상황을 대처할 수 있도록 돕습니다. 우왕좌왕하지 않고 제가 무엇을 읽어야 하는지 무엇부터 해결해나가야 하는지 상황을 장악할 수 있게 해주죠.

라디오는 많은 사람을 코지할 수 있게 하는 매개체이지만 그 뒤에 있는 저는 이것을 만들어내기 위해 이렇게 애를 쓰고 있답니다.

바느질은 마음을
고요하게 해준다

미션 1. 직접 바느질을 해보라.
미션 2. 퀼트나 뜨개질 등 손으로 하는 걸 배워보라.

나는 뇌의 신경조직망 때문에 바느질이나 뜨개질을 할 수 없다. 하지만 러그는 짤 수 있다. 몇 년 전 겨울 동안 메인 주에 있는 부모님 댁에 머물 때 동네 교회 동호회에서 러그 뜨는 법을 배웠다. 강좌가 열린 교회의 자그마한 주방에는 늘 훈훈한 기운이 감돌았다. 젖은 오리털 부츠 냄새가 났고, 잘 다림질된 리넨과 따뜻한 커피가 있었다.

나는 네댓 명의 뉴잉글랜드 여자들과 함께 테이블 주위에 놓인 접이식 의자에 앉았다. 우리가 앉은 차가운 의자가 데워지는 것처럼, 여자들은 저녁이 준비되는 동안 바느질을 하기 위해 서서히 준비해나갔다. 두꺼운 삼베를 잡아당겨 틀에 고정시키기 시작하면서 조용하던 주방 여기저기서 잡담이 새어나왔다. 다른 직업을 하나 더 선택할 수 있다면 나는 러그를 짜는 사람이 되고 싶다.

이 동호회는 159년의 전통이 있었다. 예전에 학교로 사용했던 성글 지붕 건물에서 퀼트, 재봉, 손바느질, 직공, 뜨개질 동호회 사람들이 일주일에 한 번씩 만났다. 거의 모두 여자였다. 매주 화요일 오후에 여자들은 베틀과 재봉틀로 울 양말부터 정교한 주방용 행주까지 능수능란하게 만들었다.

내가 들은 대로라면 나같이 어설픈 사람은 이곳에 발조차 들일 수 없다. 처음 모임에 참여했을 때 마치 의회 상원실로 걸어가는 듯한 기분이었다. 그곳에는 각양각색의 상자가 놓여 있었다. 펠트, 옥양목, 플란넬 천을 담은 서랍장과 엄청난 양의 실과 바늘, 그리고 휴식 시간에 먹을 수 있도록 뜨거운 커피와 집에서 만들어온 견과류가 들어 있는 쫀득한 쿠키가 준비되어 있었다. 이 지역에서 100년 넘게 살아온 집안의 여자들은 절제된 분위기 때문에 마치 종신직 교수처럼 보였다. 그들이 먼저 말을 붙이지 않는 이상 감히 나서서 말할 엄두조차 나지 않을 정도로 경외감이 묻어났다.

마치 비밀스러운 사교 모임 같았다. 처음 그곳에 간 날, 학교 운동장에서 무슨 행사가 열리고 있었다. 그날은 그해에 내가 좋아하는 날이 되었다. 바느질 동호회 축제는 그야말로 환상적이었다. 나는 운 좋게도 손으로 직접 바느질한 새 앞치마를 살 수 있었다. 햄과 달걀 샐러드, 크림치즈와 종이에 싼 처트니 샌드위치가 테이블에 놓여 있었다. 단돈 3달러면 원하는 샌드위치를 고를 수 있었고, 감자칩을 정확히 7조각 같이 먹을 수 있었으며, 핑크 레모네이드를 컵에 가득 채워 원하는 만큼 마실 수 있었다.

우리 아이들의 할머니 앤이 이 동호회 회원이라 이곳에 대해 내게 자세히 얘기해줬다. 그분의 말씀을 들려주겠다.

결혼한 뒤 큰 휘장을 만들었어. 그 휘장에 중간중간에 심을 넣어 격자 문양을 만들었지. 그것으로 아파트 벽 한 면을 다 덮었어. 임신한 뒤 아이들 옷을 만들기 시작했지만 남자아이 옷을 만드는 것은 그다지 재미가 없어서 곧 내가 하고 싶은 바느질을 하기 시작했어. 복잡한 바느질도 할 수 있는 재봉틀을 샀지. 그걸로 아홉 명의 손자에게 줄 아기 슈트부터 할로윈 의상까지 만들었단다. 지금은 나이가 들어서 손자들이나 내가 필요한 것을 더 이상 만들지 않아. 사실 필요한 것도 없고. 물론 재봉틀은 늘 그 자리에 놓여 있지.
작년 여름에 바느질 동호회에 가입하고 처음 거길 갔는데 왠지 마음이 편해졌어. 그곳에 있는 재봉틀과 온갖 종류의 섬유, 천 조각과 패턴, 즐겁게 바느질하는 여자들의 모습, 재봉질이나 자수를 놓는 모습들, 조용히 잡담을 즐기는 모습들을 보면서 말이야. 천국이

따로 없었지. 내게 인사를 건네는 동호회 회장 팻 미첼과 이야기하고 나는 곧 바느질을 시작했어. 뭐가 더 필요했겠니? 그녀는 내가 바로 작업할 수 있게 도와줬어. 그때부터 난 빠지지 않고 동호회에 참여해왔단다. 멋진 옛 건물에서 매주 화요일 내가 하는 작업을 '코지'라는 것과 한 번도 연관시켜 생각해본 적은 없지만 그게 가장 적당한 말인 것 같아. 그곳에 가면 마음이 늘 고요하고 편안해.

3부

세상과 나를
연결시키기

사회 속에서
코지 찾기

인간의 사회적 동물이다. 집에서만 코지를 찾을 수는 없
다. 세상에서도 코지를 찾을 수 있어야 한다. 우리는 모
두 사회와 연결되어 있다. 세상에는 사람과 사람을 연결
시켜주는 것들이 많다. 이를테면 우체통이라든가, 기차
역 같은 것이 있다.

이제까지 집 안에서 코지를 어떻게 찾을 수 있는지 충분히 알아
보았다. 그런데 한 명의 사회 개체로서 직장이나 살고 있는 지
역에 코지를 적용하는 것은 또 다른 일이다. 좀 더 넓게 생각해
보자. 공공 영역에서 코지한 장소를 찾는 게 얼마나 흥미로운
일인가? 대부분의 시간을 집 바깥에서 보내는 데 굳이 왜 집 안
소파에서만 그 행복을 느끼려고 하는가?

나는 조금 두려웠다. 이 책을 쓰던 당시 경황이 없기도 했고,
묵묵하게 버티고 있던 우체통이 세상에 더 이상 존재하지 않을
거라는 분위기 때문이었다. 내가 과거에 너무 젖어 있는 건지도

모른다. 사실, 우체통이 사라질 거라는 염려는 정말 쓸데없는 것인지도 모른다. 하지만 아이들이 거리에서 시위를 하거나 이역만리 떨어진 곳에서 전쟁이 나서 나가 있을 때는 우체통이 필요하지 않을까? 우리와 다른 사람들을 연결시켜주는 역할을 톡톡히 하지 않을까? 급수탑, 이정표, 난간, 공동 정원, 학교 사무실, 길거리 푸드 트럭, 기차역 같은 것도 우체통과 비슷한 역할을 한다.

리처드 스케리의 『비지타운 Busytown』이라는 책을 아이들에게 수백 번도 더 읽어준 것 같다. 이 책은 마을 전체의 모든 것이 다 연결되어 있는 가상 도시 이야기를 담고 있다. 그곳에는 소방서, 야채 가게, 철물점이 있다. 이 모든 장소는 우리와 연결되어 있다. 간혹 그것을 인지하지 못하지만 엊그제 같은 경우 각 장소의 존재에 대하여 고마움을 느꼈다.

엊그제는 꿈자리가 사나워 잠을 몇 시간 못 자고 일어났다. 그날 하필이면 비가 내려서 운전하는 게 불안했는데 제대로 되지 않아 짜증이 났다. 그날따라 가족들도 멀리 느껴졌다. 찌푸린 인상을 펴려고 했지만 도무지 잘되지 않았다. 필요한 물건을 사기 위해 차를 타고 움직이는 중이었다. 메인 가에 '홈 서플라이 센터 Home Supply Center'가 보였다. 살 게 없었지만 나는 무작정 차를 세우고 나무 계단을 올라갔다. 가게 안에는 휴지통과 유리 용기가 줄 세워 놓여 있었고, 온갖 종류의 씨앗이 있었다. 그것들을 보는 순간, 일이 좋은 방향으로 풀릴 것만 같았다.

　주인이 뭐 필요한 게 있냐고 물었다. 나는 길게 한숨을 쉬며 말했다. "아니요. 괜찮아요. 그냥 여기에 있는 것만으로도 좋네요."

　주인이 말했다. "그 말씀 듣기 좋네요. 계시고 싶은 만큼 있다 가세요."

날씨와 익숙한 것들을 연결시켜라

미션 1. 휴대폰에 사랑하는 사람들이 사는 곳의 날씨를 볼 수 있도록 설정해두라.

미션 2. 비가 오는 날은 구석 자리에 앉아 빗방울 소리를 들어봐라.

날씨는 우리 삶의 기반이 되는 가장 기본적인 환경이다. 그런데 날씨는 항상 같지 않다. 여러 형태로 바뀌며 변덕을 부린다. 화창하기도 하고 어느 날은 구름이 잔뜩 끼어서 흐리기도 하고 비가 내리기도 한다. 비 오는 날은 보통 자신에 대해 생각해보거나 집 안에서 뭔가를 정리하기에 좋다. 요리하고, 책을 읽고, 퍼즐을 맞추고, 청구서를 정리하거나 이메일이나 편지에 답장을 쓰기도 한다. 아이들에게 비옷을 입힌 뒤 빗물이 고인 곳에서 첨벙대며 뛰어놀게 할 수도 있다. 특히 작가들은 비 오는 날을 좋아하는데, 글쓰기에 안성맞춤이기 때문이다.

요즘 날씨는 최근의 정치 상황과 비슷하다. 놀라울 정도로 위험한 일들이 정기적으로 벌어지고 있다.

　우리가 어떤 사람인지, 어디에 사는지와 상관없이 우리의 일상은 날씨에 엄청난 영향을 받는다. 이런 이유로 날씨를 잘 살펴야 한다. 날씨에 따라 기분이 좌지우지되고, 무슨 옷을 입어야 할지 판단의 기준이 되며, 일상에서의 활동 범위가 정해지기도 하기 때문이다. 그뿐인가. 사람들과 어떻게 관계를 맺어야 할지 세상을 보는 관점, 먹는 것과 출근할 때 어떻게 해야 할지 등 날씨는 모든 것에 영향을 미친다. 날씨는 누구나 편하게 대화할 수 있는 화젯거리이기도 하다. 누군가에게는 날씨가 의지할 만한 편안함이 느껴지는 것일 수도 있다.

　기후는 일종의 척도다. 아침에 일어나 사람들이 창가로 느릿느릿 걸어가 처음 하는 일은 하늘을 바라보는 것이다. 추운 겨울이 지나고 따듯한 봄기운이 느껴질 때쯤 뉴욕 사람들은 서로 질세라 반바지와 샌들을 신고 나온다. 이것이야말로 날씨에 대한 반응 아니겠는가! 날씨는 우리를 서로 묶어놓는다. 나는 휴대폰으로 사랑하는 사람들이 사는 지역의 날씨를 볼 수 있도록 설정해놓았다. 매일 아침 침대에서 나오기 전, 각 지역의 온도와 강수량을 확인한다. 굳이 전화를 걸어 이야기하지 않더라도 날씨에 따라 그들이 스웨터를 입은 모습을 떠올리거나, 수영장에 갈 건지 궁금해하고, 꽝꽝 언 도로 위를 운전할 때 조심해야 할 텐데 하고 걱정도 한다.

"하루 종일 비가 올 것 같다"라는 말을 들으면 내 머릿속에서 엠마 톰슨 같은 목소리가 속삭인다. '걱정하지 마요. 다 괜찮을 거예요.' 과학적으로 햇빛이 쨍한 날씨가 사람들의 기분을 좋게 한다는 연구 결과가 있다. 그런데 나는 1990년대에 비는커녕 구름 낀 흐린 날조차 없는 캘리포니아가 싫어서 뉴욕으로 다시 이사를 왔다. 비가 오고 날씨가 흐리다고 해서 꼭 코지하지 않는 게 아니다. 코지할 수 있는 방법만 알고 있다면 어느 날씨에서나 코지할 수 있다.

이번 주 일요일 아침에 비가 올 거라고 했다. 남편은 조니 미첼의 음악을 틀었다. 한 아이가 소파 구석에 앉아서 뭔가를 읽고 있었다. 아이가 머리 위쪽의 전등 스위치를 잡으려고 팔을 올리는 게 보였다. 맑은 날이었다면 책상에 앉아서 숙제를 하라고 말했겠지만, 비 오는 날이라 그냥 됐다. 날이 흐리거나 비가 오는 날엔 구석 자리가 훨씬 더 마음에 끌리게 마련이다. 개들은 깊이 잠들었고, 주중에 사온 백합은 그윽한 향을 풍기고 있었다. 옆집의 양철 지붕에 떨어지는 빗소리를 듣다 보니 크리스마스 아침만큼 기분이 좋았다. 비가 오는 날에는 집 안에서부터 밖까지 코지한 것들이 넘쳐난다.

내 친구 하나는 중앙아메리카에서 코지를 찾았다고 했다. 훈훈한 산들바람과 부서지는 파도, 우거진 열대우림 지역에서 편안함을 느꼈다고 했다. 나도 열대 기후 지역에서 잠시 머문 적이 있는데, 단 한 번도 코지를 느껴본 적이 없다. 이 대목에서 나는 이 책의 가장 중요한 근간이 무엇인지 생각해봤다. 그것은 코지는 하나의 기준으로 정의할 수 없다는 것이다. 코지는 우리 각자의 내면에 자리한 우리가 이미 알고 있거나 좋아하는 것, 우리와 연결되어 있거나 익숙한 것들과 함께 움직인다. 며칠 전 라디오에서 남극에 있는 과학자와 전화 통화하는 것을 들었다. 그는 건조한 바람과 귀가 얼얼할 정도로 추운 툰드라 지역의 기후를 관찰하고 연구한 내용을 자세히 설명했는데, 남극이 지구상에서 가장 안락한 장소인 것처럼 묘사했다. 남극이라! 다른 사람들에게 전달하는 장소에 대한 느낌과 감정은 그들이 그 장소에 갖는 믿음을 보여준다고 할 수 있다.

오늘날 지구가 기후 변화로 몸살을 앓고 있으며 많은 사람이 이런 변화로 고통받고 있는데 비가 오는 날에 노래를 흥얼거리거나 햇살 좋은 날에 걷는다는 이야기를 쓴다는 자체가 배부른 소리라는 생각이 들 수도 있다. 그러나 난 친구와 팔짱을 낀채 우산을 쓰고 비를 피하기 위해 황급히 뛰어다니던 이야기를 쓰고 싶지 지구상에서 일어난 홍수, 화재, 강풍, 급격한 기온 변화로 얼마나 많은 생명이 사라졌는지에 대한 이야기는 쓰고 싶지 않다.

하지만 극한의 날씨가 이어지는 곳에서도 어렵지만 코지를 발견할 수 있다. 태풍이 한 차례 휩쓸고 간 뒤 이틀 동안 자신의 가게를 닫고 구호 활동에 나선 휴스턴의 제빵사처럼, 누군가를 구조하거나 의로운 활동을 한 시민들을 생각해보라. 그들은 자신의 안전은 뒤로한 채 주변 사람들의 안전을 염려하며 태풍 피해자들에게 필요한 것을 생각했다. 제빵사는 자신에게 있는 게 무엇인지 생각했고, 밀가루와 오븐을 떠올렸다. 태풍이 진정 국면에 들어서자 그는 사람들의 도움을 받아 5000개가 넘는 빵을 만들어 이웃들에게 나눠주었다. 휴스턴에서 메트리스 맥^{Mattress Mack}이라는 큰 체인점을 운영하는 사업가가 있다. 그는 태풍 피해자들을 위해 자신의 가게를 내주고 조난당한 사람들을 찾기 위해 집채만한 트럭을 몰고 다니며 도심을 샅샅이 뒤졌다. 각 매장의 매니저들은 조난당해 지친 사람들을 위해 휴식을 취할 수 있도록 최고 품질의 침대를 제공했다.

예년 가을과는 달랐던 그해 태풍은 텍사스를 비롯해 플로리다, 푸에르토리코, 캐리비안의 섬들을 강타해 사람들을 모두 걱정스럽게 했지만 결국 태풍은 멀리 사라졌다.

어려움을 겪는 사람들을 위해 기부하기로 결심한 나는 마침 새 학기를 앞둔 아이들을 위해 음식을 만들고 옷장도 정리했다. 라디오에서는 계속해서 재해와 관련해 국가재난안전본부와 소방관, 긴급구조대원, 정보 관계자, 시민들의 목소리가 흘러나왔다. "우리는 하나다."

자연은
우리를 위로한다

"자연을 접하게 되면 온 세상과 공감하게 된다."
– 윌리엄 셰익스피어

"모든 동물의 내면에는 감정과 욕구가 있다."
–내셔널 지오그래픽 사진가

미션 1. 자연을 느낄 수 있는 곳으로 가서 음미해보라.

미션 2. 인스타그램에서 자연 사진을 찾아보라.

나는 늘 불안해하고 걱정을 달고 사는 편이다. 그래서 사람들을 많이 만나고 하늘, 바다, 나무로 둘러싸인 곳에서 좋다고 하는 징조를 찾아내려 샅샅이 뒤지고 다니곤 한다. 메인 주에서 진주 빛 초록색 산누에나방이 스크린도어에 붙어 있거나, 어퍼 웨스트사이드에서 건물 너머에 붉은꼬리매가 날아가거나, 뉴욕 업스테이트에서 은빛 여우가 길을 건너는 것을 보게 된다면 이 신기한 순간들을 일이 잘 풀릴 거라는 길조로 해석한다. 요즘 같은 혼란스러운 세상에서 나름대로 세상을 살아가기 위해 터득한 방법이다. 직장을 구하는 문제나 확신할 수 없는 상황 때문에 걱정이 생길 때마다 마음을 다스리기 위해 좀 더 명상을 해야겠다는 생각이 들기도 한다. 여담이지만, 나는 공중에서 떨어지는 나뭇잎을 잡으면 코지한 기분이 든다.

우리 가족 중 자연과 가장 많은 시간을 보내는 사람은 큰아들 휴다. 내가 이 부분을 쓰려고 할 때 휴는 알래스카 오지를 탐험하고 집에 막 도착한 참이었다. 휴는 계속 내 주위를 맴돌며 이야기를 늘어놓았다. 부모로서 깨달은 게 있다면, 아이가 스스로 뭔가를 발견하고 관심사를 이야기할 때는 가만히 얘기를 들어주는 편이 좋다. 아는 척하거나 쓸데없이 조언이랍시고 참견을 하지 않는 것이 좋다. 그저 진정성 있게 바라봐주는 것만으로도 충분하다.

10대가 되면 자식은 부모와 소원해지기 마련인데, 휴는 알래스카에 관해 이야기할 때면 우리에게 찰싹 달라붙어 신난 얼굴을 했다. 그 아이에게는 알래스카가 코지한 곳인 것 같다.

야생에서 이끼를 보면 코지할 거라고 생각했는데 실제로 보니 으스스한 게 위협적으로 느껴졌어요. 일단 그 규모가 정말 어마어마해요. 30미터쯤 떨어져서 몸무게가 2톤가량 나가는 짐승을 보는 것 같다고 할까요. 전율이 느껴지더라고요. 너무 충격적인 광경이었어요. 경이로우면서도 무서웠어요.

한편에 회색 곰 세 마리가 서 있는 것이 보였어요. 겨우 10미터쯤 떨어졌을까, 정말 아주 가까웠어요. 가족들 생각이 나더라고요. 사실 곰은 인간과 비슷할 정도로 다양한 감정을 느끼잖아요. 코지라고 하면 보통 익숙한 것을 찾는데, 도시에 살던 저는 야생에 있으면서 마치 우주 공간에 홀로 떨어져 있는 듯한 느낌을 받았어요. 그런데 곰에게선 놀라울 정도로 편안함이 느껴지더라고요.

나는 전형적인 도시형 인간이라 사막이나 산에서 많은 시간을 보내지 않는다. 하지만 〈내셔널 지오그래픽〉 잡지를 즐겨 보고, 날마다 그 잡지의 인스타그램에 들어가 '좋아요'를 누른다. 1970년대에 미국에선 〈넷지오즈NatGeos〉 잡지가 유행이었다. 욕실이나 거실에 〈넷지오즈〉가 놓여 있지 않은 집이 없었고 학교 도서관에도 〈넷지오즈〉 최근호와 이 잡지를 상징하는 표지들이 줄지어 진열돼 있었다. 요즘 같은 테크놀로지 시대에도 〈내셔널 지오그래픽〉 인스타그램 팔로어는 8500만 명이나 된다. 2017년에만 1700만 명의 팔로어가 생겼고 6100만 명의 댓글이 달렸으며 1억 4000만 명이 '좋아요'를 눌렀다. 그런데 나는 이런 수치보다는 그 원인에 관심이 쏠린다. 사람들이 동물을 보는 것을 그렇게 좋아하는 걸까? 인간과 자연은 인간과 인간의 관계와 다른 방식으로 연결되어 있는 걸까? 산과 나무, 동물이 있는 자연에서 더 쉽게 편안함이 느껴지는 걸까? 그렇다면 인간과 자연의 결속을 기대하면서 자연을 더 잘 보호해야 할 것이다.

다른 10대 아이들과 마찬가지로 휴 역시 나름대로 이런저런 이유로 힘겨워하고 있어서 엄마로서 염려됐다. 하지만 휴는 알래스카를 여행하는 동안 가시투성이 동물들에게서 위안과 지혜를 얻은 것 같았다.

그다음으로 오지에서 코지하다고 느꼈던 것은 호저라는 동물을 만났을 때였어요. 터벅터벅 걷다 보면 호저가 주변을 전혀 의식하지 않고 여기저기서 느릿느릿하게 걸어 다니는 모습이 자주 보였어요. 그냥 웃기거나 귀여운 정도가 아니라 사는 내내 계속 생각날 것 같은 정도예요. 이혼하거나 죽음을 앞둔 힘든 상황에서도 주변을 전혀 신경 쓰지 않고 당당하게 걷는 호저의 걸음 같은 것은 늘 존재하는 것 같아요. 그런 생각을 하면 기분이 좋아져요. 가장 거칠면서도 냉정한 환경에서도 세상은 저한테 호저를 보여줬어요. 그게 바로 코지이지요.

이처럼 뜻밖에도 자연은 전혀 예상치 못한 것으로 끊임없이 우리와 세상을 연결시키며 위로를 건넨다.

꽃은 인간의 긍정적인 본성을 기억하게 한다

미션 1. 꽃 가게에서 마음에 드는 꽃을 사보라.
미션 2. 침실이나 거실에 화병을 두고 꽃을 꽂아보라.
미션 3. 실내에서 화분을 키워보자.

유행에 한참 뒤처지고 세상 물정에 어두운 소리를 하는 것일 수도 있지만, 누군가에게 들은 말 중 가장 좋았던 것을 꼽으라면 단연 이것이다. "이자벨, 넌 정말 편한 아내가 될 거야. 맛있는 음식과 신선한 꽃만 있으면 행복해하니 말이야." 대학 시절 사랑하는 친구 로버트가 함께 걷다가 톰슨 거리에 있던 나의 원룸 아파트에 도착했을 때 한 말이다. 까르보나라 스파게티를 막 먹은 뒤였다. 애인이나 결혼한 사이도 아니었는데 로버트는 어떻게 그런 생각을 했을까? 지금 남편과 전남편이 이 이야기를 들으면 욱 하고 토하거나 배꼽 빠지게 한바탕 웃을 게 뻔하다. 그들은 나와의 결혼 생활이 고작 스파게티나 작약 몇 송이로는 어림도 없다는 것을 누구보다 잘 알기 때문이다. 물론 나는 주변에, 특히 실내에 꽃이 있으면 편안함을 느낀다. 물론, 아름다움이 한몫하겠지만 확대해서 생각해보면 데이지 한 줄기조차 우리를 거대한 자연 세계와 연결시켜준다.

1980년대 뉴욕에서는 한국 식품점이 엄청나게 인기를 끌었다. 길모퉁이마다 하나씩은 있었던 것 같다. 가게들은 깨끗하게 잘 정리돼 있었다. 모든 상품이 깨끗한 종이로 잘 포장되어 있었다. 엄청 맛있는 인스턴트커피도 있었다. 가게 한가운데는 보통 따뜻한 음식으로 차려진 뷔페가 있었다. 닭다리 튀김, 밝은 초록색 브로콜리, 붉은 고추가 듬성듬성 들어가 있는 잡채가 주로 진열되어 있었다. 그리고 꽃으로 가득 채워진 커다란 검정색 플라스틱 바구니가 가게 주변을 둘러싸고 있었다. 장미, 튤립, 수국, 해바라기, 카네이션, 소용돌이 모양의 대나무 줄기가 누군가의 손에 들려 집에 같이 갈 준비를 하고 있었다. 이런 가게들 덕분에 도시의 젊은 여성들은 큰 돈을 들이지 않고 자연은 물론 아름다운 색깔과 향기까지 집으로 가져갈 수 있었다.

그 무렵, 가끔 나도 프리지아를 한 다발 사서 침대 옆 테이블에 두었다. 잠을 잘 때는 침대 옆 테이블에 뒀지만 서류를 작성할 때는 책상으로, 뭔가를 읽을 때는 소파 쪽으로, 목욕할 때는 욕실로 자리를 옮겼다. 꽃을 꼭 한곳에만 둘 필요는 없다. 친구 베스는 움직일 때마다 집 안 곳곳으로 라일락 꽃병을 끌고 다닌다. 라일락은 봄에 잠깐 피는 꽃이라 집에 두고 감상하려면 잠시라도 때를 놓쳐서는 안 된다.

많은 사람들은 늘 같은 장소에 꽃다발을 둬 집 안 분위기를 코지하게 만든다. 엄마는 집 정원에서 꺾어온 꽃을 조금씩 나눠서 늘 같은 자리에 꽂아뒀다. 집 안에 들어오면 제일 먼저 눈에 띄는, 복도에 있는 테이블에 주로 꽃을 꽂아두었다. 루드베키아나 코스모스가 자주 보였다. 1950년대에 만들어진 에나멜 주방 테이블에는 아주 작은 화병에 한련화가 한 움큼 꽂혀 있었다. 아버지가 항상 앉아 계시던 소파 옆에는 작은 장미 다발이나 해바라기 한 송이가 있었다. 이 꽃들은 엄마와 늘 함께하는 벗이나 다름없었다. 그 꽃병들이 비어 있는 모습을 보면 왠지 마음이 불안했다.

꽃을 보면 낭만적인 것들이 떠오른다. 꽃은 기쁨 그 자체다. 주변에 꽃이 있으면 누군가 나와 함께 있는 것만 같고, 결코 세상의 끝으로 몰리지 않을 것 같은 안정감이 느껴진다. 꽃을 보면 행복감이 느껴지기도 한다. 디자이너인 친구 마일스의 이야기를 소개한다.

집이 편안해 보이려면 생생하게 살아 있는 푸른 식물을 기본으로 갖춰야 돼. 어떻게 해야 하나 고민할 필요도 없어. 아주 쉬워. 마당에 가서 양치류 꽃 한 줄기, 목련 한 줄기를 꺾은 뒤 마음에 드는

잎이 몇 개 달린 가지와 함께 깨끗한 병에 꽂아주기만 해도 되거든. 빈 와인 병에 담아 바나 벽난로 선반, 복도 테이블 위에 올려놓으면 충분해. 아, 물론 상표는 떼어야겠지. 그렇게만 해도 공간 전체가 바로 따뜻하게 느껴져.

아주 예전에 할머니 장례식에서 할머니가 가족들에게 남긴 편지를 읽었다. 내가 읽은 편지의 일부는 늘 피아노 위에 꽃병에 꽂혀져 있던 백합에 대한 것이었다. "목이 말라 물을 쭉 빨아들이는……." 꽃을 의인화한 할머니의 표현을 봤을 때 집에 있는 꽃들이 할머니에게 얼마나 소중했는지 알 수 있었다. 목이 말라 보이는 수선화를 유리병에 꽂아놓고 수돗물을 채울 때마다 나는 할머니가 생각난다.

집에서 식물이나 꽃을 제대로 키우는 것은 결코 쉬운 일이 아니다. 꽃을 싱싱하게 유지하려면 매일매일 물을 갈아줘야 한다. 아무리 조심해도 유독 잘 죽는 식물이 있다. 꽃이 죽으면, 마음이 몹시 안 좋다. 이런 어려움 때문에 꽃이나 식물을 주위에 두는 게 부담스럽다면 특별할 때만 둬도 괜찮다. 폭설이 내릴 때면 나는 무조건 집 안에 꽃을 들인다.

침실이나 거실의 빈 꽃병을 깨끗이 닦은 다음 꽃 가게로 향하는 것은 불가항력적인 위기에 대처하는 나만의 방식이다. 원고를 마감하기 직전이나 아이들이 시험을 앞두고 있을 때 꽃병을 보면 마치 '잘할 수 있어'라는 느낌이 든다. 출장에서 돌아오거나 밖에서 힘든 시간을 보내고 온 가족들을 위해 주방에 데이지 꽃을 꽂아두기도 한다.

꽃에는 사람을 치유하는 무언가가 있다. 사람들은 아주 신중해야 할 상황이나 여유가 있을 때 자신이나 남에게 꽃을 준다. 침대 옆 작은 컵에 꽂힌 꽃 한 송이조차 인간의 긍정적인 본성을 기억하게 한다는 것을 잊지 말자.

당신과 연결된
피조물을 생각하기

미션 1. 당신의 수호 동물을 정해보라.
미션 2. 자신의 정체성과 수호 동물이 어떤 연관이 있는지 생각해보라.

얼마 전에 메트로폴리탄 박물관에서 페니모어 미술관과 소우 컬렉션에서 대여해온 미국 인디언에 관한 전시회가 열려 둘째 아들 토머스와 함께 갔다. 전시품 중 뼈로 만든 곤봉 같은 것이 있었는데, 손잡이의 한 면에는 물건 주인으로 보이는 사람의 자화상이, 손잡이의 다른 한 면에는 수호신인 무는 거북이 새겨져 있었다. 전시된 유물에는 대부분 주인을 상징하는 동물 이미지가 새겨져 있었는데, 이는 인간과 자연, 그리고 동물이 서로 연결되어 있다는 심오한 의미를 담고 있다.

우리 자신과 동일시할 수 있는 동물이 있다는 것은 코지한 일이다. 수호 동물을 떠올리며 시간을 보내는 건 코지할 수 있는 가장 쉬운 방법이다. 사람들을 잘 살펴보면 그의 수호 동물이 무엇인지 알 수 있다. 내가 어떤 종교적 가치를 가졌기 때문에 이런 생각을 하는 것은 아니다. 나 자신은 물론 다른 사람들이 자연에서 평안과 영감을 찾을 수 있기를 바랄 뿐이다. 나는 오랫동안 내 수호 동물이 코끼리라고 생각했지만, 회색 곰이나 암 늑대일 수도 있다는 생각이 든다.

이탈리아가 지금의 단일국가가 되기 전 토스카나 최고의 중세 도시 자리를 놓고 피렌체와 시에나는 경쟁 관계였다. 피렌체와 전투를 앞두고 도시를 지키기 위해 시에나는 도시를 17개의 자치구, 콘트라다^{contrada}로 나눴다. 각각의 콘트라다에선 자체적으로 군대를 조직해 도시를 방어했다. 콘트라다는 저마다의 문장과 깃발, 상징 동물, 전통 복장을 지녔다. 지금도 팔리오^{Palio} 축제가 열리면 독수리, 애벌레, 뱀, 부엉이, 용, 기린, 호저, 유니콘, 암늑대, 조개, 거위, 돌고래, 검은 암표범, 거북, 숫양, 코뿔소, 코끼리 등 각 콘트라다의 상징 동물을 그려 넣은 깃발이 휘날린다.

시에나 사람들이 각자의 콘트라다에 느끼는 정체성은 해리 포터가 호그와트에 느끼는 애정에 비견할 수 있다. 수백 년의 전통을 지닌 콘트라다는 도시에 대한 자긍심의 원천이다. 행정 구역으로서의 역할은 사라졌지만, 시에나 사람들은 여전히 자신의 콘트라다에 소속감을 느낀다. 시에나 사람들은 자신의 콘트라다와 아주 긴밀하게 연결되어 있다. 이들은 진심에서 우러나는 마음으로 자기의 지역을 생각한다. 세례부터 결혼까지 인생에서 중요한 일은 모두 다 콘트라다에서 이뤄질 만큼 단단한 공동체 의식을 지니고 있다. 시에나 예술사가 크리스티나와 이 주제로 이야기를 나눈 적이 있다.

콘트라다의 깃발에 담겨 있는 각각의 동물은 저마다의 특징과 본성이 있어요. 시에나의 시민으로서 이런 정체성은 아주 중요해요.

강은 살아가는 데
힘이 된다

"검은 진흙 강, 영원히 휘감아 도는,
당신이 강 건너에 있다면, 그 강이 아무리 깊거나 넓어도 난 괜찮아요.
휘감아 도는 진흙 강, 휘감아 도는 진흙 강, 검은 진흙 강, 돌고 돌아."
– 제리 가르시아와 로버트 헌터

미션 1. 강변을 따라 걸어봐라.

미션 2. 강물에 대한 기억을 떠올려보라.

강은 코지의 대표적인 예다. 강을 따라 많은 문명이 발달됐고, 수많은 사람이 강 가까이에서 살았다. 역사는 강변을 따라 흘렀다. 나일 강, 아마존 강, 미시시피 강은 다채로운 교실과 스승에게 가는 선박의 창과 같다.

나는 꽤 오랫동안 허드슨 강 주변에 살았다. 뉴욕 사람들은 넓고 큰 강에 익숙하다. 강변에선 가볍게 조깅을 하거나 자전거를 타는 사람을 쉽게 볼 수 있다. 아이나 강아지 이름을 허드슨이라고 지었어야 했다는 생각도 든다.

매일 강가를 따라 운전하다 보면 우리가 강을 얼마나 좋아하는지, 강의 색과 냄새가 얼마나 깊은 감동을 주는지, 강이 얼마나 대단한 존재인지 까먹게 된다. 그러나 강가 주변에 앉아 잠시 생각해보면 강이 주는 자연의 위대함에 대해 알 수 있다.

주변이 자연에 둘러싸여 있으면 자연스레 자신을 돌아보게 된다. 혹시 이 점을 전혀 느끼지 못하면서 강변을 걷고 있는가? 당신이 알고 있는 강은 어디인가? 당신과 그 강이 연결되어 있다고 느끼는가? 왜 그렇게 느끼는가? 강의 속도는 느린가 아니면 빠른가? 강에서 사람들이 고기를 잡거나 놀고 있는가, 아니면 옷을 빨고 있는가? 나무들이 줄 지어 있는 강 주변 나무 아래 앉아 있는가? 당신이 자란 집 옆 골짜기에서 흐르던 강물에 대한 기억이 살아가는 데 힘이 되는가?

사회 속에서
의무를 다하기

> "사회에 봉사하다 보면 커뮤니티를 향상시키는 것이 아니라
> 우리가 그 커뮤니티의 일원이 되었다는 감정을 먼저 느끼게 된다.
> 벽을 허물고 협업을 도모한다.
> 그런 일이 일어날 때, 다시 말해 사람들이 서로의 다름을 미뤄두고
> 공동의 선을 위해 합심할 때, 서로 고군분투하고 희생하며
> 서로가 서로에게 배울 때 모든 일이 가능해진다."
> – 버락 오바마

미션 1. 신뢰를 나누는 관계를 가져보라.

미션 2. 개인이 아니라 팀의 일원으로서 움직여보라.

투표장에서 배심원으로 선정되기를 기다리며 앉아 있는 일, 워싱턴을 행진하는 일 같은 국가 정부 시스템과 관례들은 모두 다 내게 코지한 일이다. 배심원은 미국에서 가장 훌륭한 시스템 중 하나에 참여할 수 있는 기회다. 배심원 제도에 대해서는 여전히 논쟁이 벌어지고 있지만, 사실 나는 잘 납득되지 않는다. 배심원 제도에 대한 내 생각은 이렇다.

유치원에서 줄을 섰던 때가 기억나는가? 우리는 각자의 짝

을 찾아서 '배당된 줄'에 가서 선생님 말씀을 경청해야 했다. 둘 다 성이 G로 시작한다는 이유로 앞 친구와 손을 잡고 있는데, 선생님이 우리에게 아주 평화로운 얼굴로 조용히 하라는 신호를 보냈다. 배심원이 되어 판사의 말을 듣고 있는데 그때와 같은 기분이 들었다. 나와 세상이 연결되어 있는 그 느낌 말이다.

변호사가 "오로지 사실에 근거해 판단하고 판사가 사건에 대해 이야기할 때 법을 조정해 나갈 수 있을지" 묻자 나는 내가 배심원의 의무를 제대로 수행할 수 있을지 고민했다.

처음 우편으로 배심원 의무를 요청받았을 때 나는 부모님과 함께 있었다. 아빠는 윌리윙카의 초콜릿에서 황금 티켓을 찾아 신비로운 초콜릿 공장에 초대받은 찰리(로알드 달의 소설 『찰리와 초콜릿 공장Charlie and the Chocolate Factory』을 참고하라—역자 주)를 바라보는 것 같은 얼굴을 하고 계셨다. TV 시트콤 〈팍스 앤 레크리에이션Parks and Recreation〉에 나오는 레슬리 노프처럼 어떤 비꼼도 없이 "오, 젠장, 너를 위해 준비했어!"라고 말할 것 같은 얼굴이었다. 아빠는 이 일을 좋은 기회라고 생각하셨다. 아빠에겐 어떤 명예로울 것도 없었는데도 말이다. 이 일과 관련해 내게 주어진 것은 단지 투표권에 불과했다.

1988년 민사 사건에 배심원으로 참여한 후, 나는 뉴욕대법원 법정 관리원에게 여름에 배심원의 의무를 이행할 수 있을지 물었다. 그는 아주 냉정하게 고개를 흔들며 "아니요"라고 했지만, 나는 진심으로 내게 기회가 주어지기를 바랐다. 나는 그 이후에도 두 차례 법원에 들어갔다. 한 번은 배심원 중 한 사람을 대신해서 나갔고, 한 번은 여덟 번째 배심원으로 참석했다.

미국인으로서 배심원 시스템이 가장 코지한 경험이라는 것을 사람들에게 어떻게 설명할 수 있을까? 무엇보다 학교처럼 시간을 엄수해야 한다. 다소 들쑥날쑥할 수도 있지만, 모든 사람이 손에 커피를 들고 거의 동시에 법정에 도착한다. 회사 CEO부터 기타리스트까지 사회 각계각층에서 모여든 수백 명의 사람이 줄을 지어 검색대를 통과하고 배정된 판사실로 간다.

일단 그곳에 들어가면 결정해야 한다. 욕조의 수도꼭지를 조절하는 것처럼 스스로 장악할 수 있다. 창문 가까이 있거나 구석에 있는 자리에 앉거나 이야기를 나누고 싶은 사람 옆에 앉을 수도 있다. 이야기하는 것보다 책을 읽는 것이 더 좋다면 그렇게 하면 된다. 혼자 앉아서 기다리는 동안 낱말 맞추기를 하거나 하던 일을 마무리해도 된다. 대기실에서 음료를 가져올 수도 있다. 보통 아침부터 모이기 때문에 대부분 커피나 차가 준비돼 있다. 뉴욕 법정에는 음료와 간단한 스낵을 사 먹을 수 있는 노점상이 있다.

어느 순간, 법원 직원이 문 앞에 와서 무작위로 이름을 부른다. 정말 흥분되는 순간이다. 그러다가 "이자벨 길리스"라는 이름이 들린다. 같은 곳으로 배정된 사람들과 함께 판사와 변호사를 만나기 위해 걸어간다. 그들은 우리가 오로지 법에 명시된 대로 공정하고 단호하게 판결할 수 있는지를 보기 위해 한 명씩 인터뷰한다.

이렇게 전통적인 방식으로 절차가 진행되는 동안에는 미처 인지할 수 없지만, 그 공간에 있는 사람들은 점점 하나가 되어간다. 시스템이라는 것으로 모양을 갖춰 모두 함께 사건의 사실 관계를 결정하고, 공정하게 고려하고, 법에 따라 어떻게 행동할지 생각한다. 한마디로 신뢰를 나누는 시간이다.

배심원은 어마어마한 책임이 따르는 일이지만, 우리는 혼자가 아니다. 법정에 앉아 판결을 내릴 때 배심원단은 한 명의 개인이 아니라 팀이다. 한 번도 만난 적 없는 사람들과 계속 연결되어 있지만, 이 자리에서 나간다면 십중팔구 다시 만나지 않을 사람들이다. 그러나 이 과정에서 그 사람들이 어디 출신인지, 어떤 이상과 관점을 가지고 있는지, 직업은 무엇인지, 아이들은 있는지 더러는 꿈이 뭔지에 대해서도 알게 된다. 나는 배심원단에 참여하면서 사랑에 빠진 사람도 몇몇 있을 거라고 믿어 의심치 않는다. 거대한 코린트 양식의 기둥 아래로 걸음을 옮기는 순간, 진정한 인간애가 존재하는 것이 느껴진다. 내게 이런 기회가 주어진다는 것은 명예로운 일이다. 그것도 뉴욕에서.

점심에 뭘 먹을지 고민된다면 법원 직원이 샌드위치 주문을 받아 가까운 가게에서 배달해준다. 내가 처음 배심원단에 참여했던 게 벌써 30년 전이다. 나는 그때 칠면조와 스위스 마요네즈를 넣은 롤과 초코 우유를 시켰다. 모든 사람이 원하는 음식을 받았다.

소셜 미디어가
나쁜 것만은 아니다

미션 1. 소셜미디어를 건강하게 이용한다.

미션 2. 중독이 꼭 나쁜 거라는 편견을 버린다.

아침에 눈을 뜰 때 나는 보통 불안함을 느낀다. 보통은 아이들 때문이다. "아이가 최소한으로 행복한 만큼만 행복하다"는 말에 공감한다. 이런 불안함에 어떻게 대처해야 할까? 나는 코지와 연결해서 생각한다. 이에 대해 이야기하거나 조언을 구하기 위해 친구나 부모님께 전화를 하거나, 내 주변에서 벌어지는 일들에 몰두한다. 차를 우리거나 침대를 정리하거나 개를 산책시키거나 명상을 한다. 나는 끈기 있게 명상하는 편이 아니라서 음악이나 라디오를 듣거나 주로 달린다. 그런데 이 모든 게 제대로 안 될 때가 있다. 바로 정신을 분산시키는 트위터 때문이다. 소셜 미디어와 관련, 나는 걱정을 금할 수 없다. 우리의 정신

건강을 해칠 거라는 전문가들의 말에 충분히 동의하면서도 나역시 그 흐름의 하나가 된 게 분명하기 때문이다.

우리는 혼자 있을 때 대부분의 시간을 미디어와 테크놀로지를 활용하며 보낸다. 나는 비트모지^{Bitmoji} 아바타를 너무 좋아한다! 만화 속 인물처럼 만들어진 나를 보는 것은 코지하다. 적어도 나는 그렇게 생각한다. 아버지가 TV 만화영화를 "토요일 아침 만평"이라고 했던 게 생각난다. 친구가 보내는 비트모지는 더 없이 사랑스럽다. 윙크도 하고 뺑 차는 모습도 있다. 비트모지를 알게 된 사람은 모두 즐거워할 거라고 확신한다. 이 지구별에 있는 모든 것을 재밌게 만들어 농담을 주고받고 있으면 코지한 기분이 든다.

전화 벨 소리를 선택하느라 얼마나 많은 시간을 쏟았는가? 온갖 종류의 소리를 선택할 수 있지만 내 선택은 언제나 어렸을 적인 1970년대 들은 소리 같은 고전적 스타일이다. 그땐 아이들이 벨소리를 정할 수 있을 거라고는 생각조차 못했다. 아이들이 전화로 통화한다는 것은 가당치도 않은 일이었다. 전화 통화를 하는 것은 내게 있어 나의 코지 목록 톱 5에 들어가지만 명상은 아닌 것 같다.

인터넷은 대중교통처럼 가려운 곳을 긁어준다. 트위터에 로그인하는 순간 끊임없이 터져 나오는 다른 사람들의 목소리에 둘러싸인다. 작은 스크린에 꼬리에 꼬리를 물고 계속해서 메시지가 올라온다. 아무리 트위터에 중독되지 않았다고 주장해본들 우리의 일상은 트위터에 완전히 밀착되어 있는 게 사실이다. 하지만 적어도 나는 화장실에 휴대폰을 들고 가지 않는다.

손바닥만한 크기의 친구에게 내가 기대는 이유는 미스터 로저스가 부른 PBS 방송국 노래처럼 편안한 사이버 이웃과 만날 수 있는 일종의 통로이기 때문이다. 트위터에는 자신의 생각을 강하게 밀어붙이는 사람, 요리 레시피나 귀여운 새끼 코뿔소 사진을 올리는 사람 등 다양한 사람의 다양한 메시지가 존재한다. 선거부터 얼굴에 바르는 크림까지 온갖 종류의 정보가 다 올라와 있다. 트위터를 들여다보고 있으면 우리는 혼자가 아니라는 생각이 절로 든다! 트위터는 실시간으로 바로 사람들의 반응을 확인할 수 있지만 그만큼 다른 사람들과의 관계에서 길을 잃기도 쉽다.

소셜 미디어가 건전하다고 이야기하고 싶은 게 아니다. 온라인 상에는 지나치게 혐오스럽거나 충격적인 것도 분명 존재한다. 그러기 때문에 우리는 최소한의 판단력을 갖춰야 한다.

나는 한때 담배를 피웠다. 담배는 정말 끝내주게 코지하지만 건강엔 치명적이다. 코지에 중독됐냐고? 뭐 그렇다고 볼 수도 있다. 저녁이면 난 늘 TV를 본다. 카페인에도 중독된 게 분명하다. 달리기에 중독된 사람도 있다. 내가 하고 싶은 말은 중독이 꼭 나쁜 것만은 아니란 거다. 우리는 무의식 중에 힘들 때 심리적 안정감을 주는 것을 찾는다. 그게 담배가 될 수도 있고 달리기가 될 수도 있다. 또, 소셜 미디어일 수도 있다. 소셜 미디어에 접속해 있으면 세상과 내가 연결되어 있는 것을 한 눈에 볼 수 있으니 많은 사람들이 여기서 안정감을 찾는다. 누구나 이 말에 동질감을 느낄 만큼 소셜 미디어는 중독성이 있다. 트위터에 로그인해서 뭔가 알게 되면 바로 '좋아요'를 누른다. 과학적으로 분석해봤더니 '좋아요'는 도파민과 옥시토신을 분비시키는 효과가 있다고 한다. 이들 호르몬은 '화학적 포옹', '사랑의 호르몬'이나 '소셜 호르몬'이라고 불린다. 그러나 소셜 미디어와 관련해서 절제는 명심해야 할 덕목이다. 끊임없이 타인을 엿보면서 연결과 동시에 나와 타인을 비교하게 만들기 때문이다.

하지만 급히 짐을 싸야 하거나, 집 지붕에서 물이 새거나, 원고 마감 때문에 걱정될 때 분홍색 휴대폰을 10분 정도 붙잡고 있다 보면 코지 그 자체를 느낄 수 있는 것도 사실이다.

일과 나를
연결시키기

미션 1. 일자리에서 개인 공간을 잘 관리해라.
미션 2. 일할 때 코지할 수 있게 만드는 물건을 찾아
보자.

웨이트리스로 일했던 적이 있다. 일을 하는 여덟 시간 내내 일
하기 싫다며 투덜대던 동료가 생각난다. 당시 우린 아직 젊은
20대였으니, 그냥 입버릇처럼 했던 이야기인지도 모른다. 내가
매일매일 여덟 시간 동안 그곳에서 무엇을 했는지 생각해봤다.
일하는 시간 내내 만족스럽지 않았다니 그녀에겐 그 일이 영 맞
지 않았을 수도 있을 것 같다. 그러나 한편으로는 그녀가 자신
과 그 공간을 연결시켰다면 즐겁게 보낼 수도 있었을 텐데 하는
생각이 든다.

우리가 일했던 식당은 이스트 빌리지에 있는 '세 개의 컵Three
of Cups'이었다. 나는 이곳에서 코지한 것을 많이 찾을 수 있었다.

손님이 몰려들 때 잠시 쉴 수 있는 요새와도 같은 직원 워크스테이션이 생각난다. 이곳에는 언제든 마실 수 있도록 탄산음료가 준비돼 있었다. 항상 파인트 크기의 탄산음료가 있었다. 홀에서 주방으로 오가며 홀짝거리고 마시는 재미가 쏠쏠했다. 주방 안에서 요리사들이 서로 이야기를 주고받는 모습은 즐거워 보이면서도 섹시하게 느껴졌다. 서로 소리를 지르는 모습이 마치 가족과도 같은 느낌을 주었다. 식당에는 촛불이 1000개 정도 있었다.

주문을 받을 때 쓰던 내 전용 노트도 좋았다. 어미 캥거루가 주머니에 새끼를 넣어두는 것처럼 내 앞치마에 항상 이 노트를 넣어두었다. 주문하는 손님마다 흥밋거리였고, 모든 테이블마다 작은 모험이 펼쳐지는 것 같았다. 식당에서 울려 퍼지는 음악도 좋았다. 음악을 틀면 바로 그 공간에 빠져들어 시간이 어떻게 지나가는지도 몰랐다. 동료가 그 사소한 것 중 하나라도 자신의 것으로 만들어서 제대로 즐겼다면 그녀가 좋아하던 스니커즈만큼 그곳에서도 좋아하는 것을 찾을 수 있었을 것이다.

나는 사무실에서 일하는 사람이 아니라서 친구들이 어떻게 일하는지 궁금했다. 크리스티나는 시장 사무실에서 일을 한다. 그녀가 시민들에게 대응하는 모습은 그리 놀랍지 않다. 한마디로 "시민들에게 좋은 이미지를 심어주기 위해 큰 유리병에 사탕이나 과자를 넣어두는 사람"이다. 크리스티나는 평생 공공기관에서 일해왔다. 그녀는 다른 사람들이 공익에 대한 생각에 공감할 때 기운을 얻는다. 크리스티나는 자신의 사무실에서 함께 일하는 사람들이 어떻게 하루를 보낼지 관리한다.

좀 더 창의적인 생각과 솔직한 이야기가 오가지 않을까 하는 바람에 사람들이 왔을 때 좀 더 편하게 느끼도록 소파를 갖다 놓았어. 테이블에는 너무 많은 것을 올려놓지 않으려고 해. 깔끔한 테이블을 보면 복잡한 머리가 차분해지거든. 머그잔이 아니라 찻잔과 접시를 준비해두는데, 이것 역시 마음을 한결 따뜻하고 편안하게 만들지.

어떤 공간을 운영하지 않더라도 자신의 공간을 잘 관리한다면 관계의 중심에 있다는 느낌을 받을 수 있다. 개인 소지품이나 일과 관련 없는 건 그 어떤 것도 허용하지 않는 엄격한 직장도 있다. 이런 공간에 있을 때는 자신의 내면을 더 면밀히 바라볼 수 있다. 일 자체에서 행복감을 느낄 수 있다면 가장 좋다!

닉은 글을 쓰는 작가이지만 사무실에서 일하기도 한다. 나는 일할 때 음악을 틀지 않는 편이지만, 닉의 말을 들으니 그것도 괜찮겠다는 생각이 들었다.

난 일할 때 모자를 쓰는 게 편해. 방금 땅콩버터를 한 숟가락 먹었는데, 정말 기분이 좋아. 그리고 난 음악을 틀어놓고 일하는 것을 좋아해. 지금은 인기가 시들해졌지만 왕년에는 잘나갔던 다크스타의 1972년 매시업 공연 음악을 들으려던 참이야.

워싱턴DC에서 일하는 내 동생의 말도 들어보자.

우리 회사에는 직원용 옷장이 마련돼 있어. 더 좋은 회사에는 연필이나 노트 같은 필기구를 넣을 수 있는 캐비닛도 있다고 하는데, 옷장만 있어도 아주 편해. 일할 때 사용하는 사무용품도 코지한 면이 있는 것 같아.

엄마의 사무실은 격식을 갖춘 곳이었지만 무척 코지하기도 했다. 사무실 한쪽에 작은 주방이 있었는데, 찬장에 페퍼리지 팜 밀라노^{Pepperidge Farm Milano} 민트 쿠키가 늘 있었다. 대형 복사기도 있었는데, 이름이 그 유명한 '스타워즈^{Star Wars}'였다. 맞다. 1970년대를 풍미한 영화 제목과 같은 이름이다. 누군가가 복사할 때마다 울려 퍼지는 소리도 코지했다. 그런데 엄마가 가장 코지한 것으로 손꼽은 것은 엘리베이터였다.

엘리베이터를 타고 사무실로 올라올 때, 밖으로 나가기 위해 다시 엘리베이터를 타고 내려갈 때 정말 코지해. 엘리베이터에 혼자 있건 다른 사람과 같이 있건 상관없이 그 공간에 있으면 활기가 느껴져. 가끔은 마음이 차분해지면서 그냥 공상에 빠지기도 하지. 엘리베이터에서 내리는 사람들을 보는 것도 재미있어. 잘 알지 못하거나 한 번도 말을 붙여보지 않은 사람이 대부분이지만 자주 그곳에서 얼굴을 봤던 사람들이지. '저분은 예쁜 새 코트를 장만하셨네' 뭐 이런 생각을 하며 바라볼 뿐, 말을 건네지는 않아.

남편의 사무실은 대부분의 공간이 개방돼 있다. 하지만 직원들이 마음 놓고 전화 통화를 할 수 있도록 튼튼하게 벽을 세워 공간을 세 개로 구분하고 방음 시설을 해놓았다. 누구나 와서 전화 통화를 할 수 있는 일종의 전화 부스인 셈이다. 긴 시간 동안 개방된 공간에서 일하다 잠시나마 좁지만 개인적인 공간에서 이야기하는 것은 코지한 일이 아닐 수 없다. 특히 남편이 나한테 전화를 할 땐 더 그렇지 않을까.

퀼트는 새로운 삶을
가져다준다

미션 1. 좋아하는 조각들을 선택해라.
미션 2. 조각들을 모아 이어 붙여 하나의 거대한 퀼트로
만들어라.

클레브 존스는 에이즈로 죽은 사람들을 기리기 위해 대형 퀼트
프로젝트를 기획했다. 1985년 존스는 샌프란시스코에서 거리
행진을 조직화했다. 그와 거리 행진에 참여한 사람들은 에이즈
로 죽은 사람들의 이름을 테이프로 표시해 샌프란시스코 연방
건물 위에 입혔다. 그 모습이 마치 퀼트처럼 보일 거라고 생각
한 존스는 죽은 이들의 가족과 친구들이 희생된 이들의 이름을
기리기 위해 패널을 만들 거라고 기대했다. 그리고 무덤만한 크
기의 패널이 만들어졌다.

패널은 순식간에 겹겹이 세워졌다. 테크니컬러^Technicolor(천연
색 영화 제작법—역자 주) 기법으로 만들어진 것 같은 대규모 기념

퀼트가 미국 전역을 뒤덮을 만큼 모아졌다. 최소한 워싱턴 DC 의 내셔널 몰 정도는 쉽게 덮을 만한 크기였다. 당시 에이즈로 죽은 사람들은 두려움은 물론 수치심과 다른 사람들로부터 받는 멸시 때문에 제대로 장례를 치르거나 매장되는 것조차 허락되지 않았다. 어렸던 나와 내 친구들은 세상에 에이즈가 퍼지는 것만큼 끔찍한 일은 없다고 생각했다.

에이즈에 대해 잘 안다고는 할 수 없지만, 이 병은 우리 모두가 바라는 두 가지와 관련돼 있다. 바로 서로에 대한 친밀함과 사랑이다. 에이즈라는 병 자체는 코지와 전혀 관련 없어 보이지만 전 세계에서 펼쳐진 이 과감하면서도 영향력 있는 프로젝트는 코지를 느끼게 해줬다. 사람들은 퀼트 작품 주변에 모여들었다. 수만 명의 사람들, 죽은 이들의 엄마, 누나와 여동생, 사랑하는 친구와 연인들이 수를 놓고 천을 덧대고 여기저기 붙여 장식하며 다 같이 엮어놓은 작품이 들어선 광장에는 편지와 용기를 전하는 뱃지도 차곡차곡 쌓였다. 현재 이 퀼트 작품은 미국 전역에서 가장 큰 포크 아트로 무게가 45톤에 이른다.

내 친구 새러는 퀼트를 한다. 로드아일랜드 디자인 학교에 같이 다닐 때 새러는 검고 윤기 나는 짧은 머리의 펑크 록을 하는 베티 프리단^{Betty Friedan}(미국의 페미니스트이자 사회심리학자—역자 주)처럼 보였다. 가식 없는 성격이 매력적인 새러는 남자친구의 차 안에서 건스 앤 로지스의 노래를 처음 들었다고 했다. 그녀는 늘 짙은 체리색 붉은 립스틱을 바르고 다녔는데 활짝 웃는 모습이 인상적이었다. 그녀는 내가 처음 만난 그래픽 디자이너이기도 하다. 나는 새러가 퀼트를 하는지는 전혀 몰랐다. 너무 어렸을 때 만났기 때문일 것이다. 세월이 좀 흐른 뒤에야 인스타그램을 통해 퀼트가 그녀의 인생에서 아주 큰 부분을 차지한다는 것을 알게 되었다. 나는 그녀를 만나기 위해 브루클린으로 갔다.

"퀼트는 기본적으로 샌드위치라고 생각하면 돼. 지금은 세 겹의 천을 같이 꿰매는 중이었어."

그녀는 끝내지 않은 퀼트를 끌어와 양쪽 끝에 있는 솜과 부드러운 면 소재 천을 보여주었다. 퀼트에 대해 아무것도 몰랐지만, 부드러운 천을 만지거나 각종 패턴과 실, 바늘이 정리된 것만 봐도 코지하다는 기분이 들었다. 새러는 세 겹의 천을 바느질하는 방법과 그 퀼트가 어떻게 또 다른 퀼트로 이어져 적당히 만족할 만한 무게를 만들어내는지 보여주었다. 그녀는 자신의 바느질 서랍장을 열어 작업 중이던 다른 퀼트를 꺼냈다. 이 서랍장으로 말할 것 같으면 벳시 로스^{Betsy Ross}(미국 성조기를 만든 재봉사로 알려진 인물—역자 주)가 그 안에 들어가 데굴데굴 구르고 싶어 할 만큼 환상적이었다. 문 뒤쪽에는 400개는 족히 되어 보이는 실 꾸러미가 핀에 감긴 채 줄지어 놓여 있었다. 마치 무지개처럼 보였다.

새러의 열두 살짜리 쌍둥이 딸인 케이트와 애비는 자칭 퀼트 작가이자 바느질 전문가다. 아이들의 서랍장을 보고 눈이 휘둥그레진 나를 보며 아이들은 '저희 말이 맞죠?'라는 듯한 눈빛으로 나를 바라봤다.

새러는 새끼 오리처럼 뒤를 졸졸 따라다니는 쌍둥이 딸과 나를 안방으로 데리고 갔다. 햇빛이 드는 방 한쪽에는 퀼트를 올려놓은 의자가 있었다. 접힌 채 쌓여 있는 모습이 크레페를 연상시켰다.

"아버지가 돌아가실 무렵 퀼트를 시작했어." 새러는 마치 책장에서 좋아하는 책을 찾는 것처럼 퀼트 더미에서 담요 하나를 꺼내면서 말했다. "아버지는 매사추세츠에 계셨어. 그해 가을 나도 그곳에 오랫동안 있었는데, 어느 날 1800년대 퀼트에 관한 책을 읽게 됐어. 아버지는 항암 치료 중이셨지. 나는 아버지 곁을 지키며 그 고통을 같이 견뎠어. 내겐 뭔가 필요했어. 그래서 바느질을 시작했지. 6개월 후쯤 퀼트를 만들어 아버지께 드렸어. 아버지는 그 퀼트를 덮고 주무셨어. 돌아가시던 날도 그 퀼트를 덮고 계셨지."

그녀는 전날 밤 남편과 함께 덮고 잤던 이불 위에 사연이 담긴 부드러운 퀼트를 펼쳐놓더니 손으로 반듯하게 폈다.

"사람들이 왜 벽에다 퀼트를 붙이는지 도무지 이해할 수 없어. 보통 따뜻하게 덮으려고 퀼트를 만드는 건데 말이야. 왜 용도에 맞게 사용하지 않는 걸까?"

퀼트를 한참 매만지던 새러는 퀼트를 자기 가슴 쪽으로 끌어와서 잠시 안아보더니 다시 접기 시작했다.

"아버지가 돌아가신 후 퀼트를 잠시 놓았어."

퀼트 이불 끝자락을 접는 그녀의 손은 더없이 조심스러웠다. 그녀는 퀼트를 옆에 쌓여 있는 더미에 올려놓고 다른 하나를 더 꺼냈다. 그녀가 퀼트를 접고 펼치는 행위는 마치 어떤 의식을 하는 것처럼 느껴졌다.

"아주 잠시 동안이지만 재봉틀을 쓰기 전에는 모든 작업을 손바느질로 했어."

그녀는 손에 있는 퀼트를 펼친 후 쌍둥이들과 함께 펼쳐든 뒤 침대 위로 던졌다. 문득 쌍둥이들에게 퀼트와 퀼트가 맞닿는 소리가 엄마를 떠올리게 할 것 같다는 생각이 들었다.

"이건 아버지가 돌아가신 후에 만든 거야. 돌아가신 아버지에 대한 내 비통한 심정을 드러내는 또 다른 의례라고나 할까."

새러가 집어든 퀼트는 하늘 높이 떠 있는 구름, 혹은 바다처럼 보였다. 다양한 계열의 푸른색과 푸른 회색 패턴과 천의 질감, 그 안에는 보이지 않는 수많은 의미가 담겨 있는 것 같았다. 끈끈한 부녀간의 사연만큼이나 꼼꼼하게 수놓인 바늘땀이 눈길을 사로잡았다.

"이 천 조각들은 아빠의 양복과 셔츠에서 가져온 거야."

새러는 마치 아빠를 바라보듯 퀼트를 바라봤다. 쌍둥이들은 엄마의 마음을 이해한다는 듯 그런 엄마를 가만히 바라보았다. 새러는 한숨을 쉬고 뒤돌아서더니 다시 생기발랄한 모습으로 퀼트가 쌓여 있는 곳으로 갔다.

"퀼트 하나하나에 소중한 사연이 담겨 있어. 그게 퀼트가 지닌 특별함이지."

새러는 또 다른 퀼트를 보여주려는 듯 퀼트 더미를 뒤적였다.

"이것 봐. 이건 내가 임신했을 때 만든 거야. 일명 '일요일의 퀼트'라고 해."

그녀는 '일요일의 퀼트'를 손가락으로 가리키며 잠시 멈췄다.

"퀼트가 코지한 건 청바지처럼 자기가 좋아하는 것을 선택할 수 있기 때문이야. 작은 조각들을 선택해 거대한 조화를 만들어내지. 마치 우리가 연결되어 있는 것처럼. 그래서 퀼트는 새로운 삶을 가져다주지. 이게 바로 그거야. 200년이 지나도 내게 남아 있을 거야. 퀼트마다 내 사인이 들어 있거든. 난 모든 사람에게 코지를 느낄 수 있는 취미가 있어야 한다고 생각해."

취미는 삶과 나를
연결시키는 작은 기쁨이다

미션 1. 당신의 본질과 연결된 흥미를 찾아라.

미션 2. 취미 생활을 즐기고 유지해라.

취미는 당신의 것이다. 취미를 찾을 때 사람들은 살사 댄스나 퍼즐 맞추기, 스도쿠 등 자신이 좋아하는 일이나 어떤 기술을 한 단계 향상시키고 싶어 한다. 내 취미는 요리다. 어렸을 때는 엄마가 만들어주신 음식을 먹는 것이 좋았다. 지금은 내게 음식을 만들어 먹여야 하는 아이들이 있다. 요리는 말이 필요 없는 행위다. 난독증으로 힘들어할 때도 나는 요리를 할 수 있었다.

취미는 우리의 진정한 모습에서 나오는 것이라고 확신한다. 물론 취미를 후천적으로 습득할 수도 있다. 익숙하지 않은 것을 선택해서 잘할 때까지 연습해 제2의 천성으로 만들 수도 있다. 혹시 TV를 보면서 뜨개질하는 사람을 본 적 있는가? 뜨개질에 익숙한 사람들은 뜨개질을 할 때 바늘땀이나 고리를 보지도 않는다. 그게 바로 제2의 천성이 된 것이다. 당신의 본질이나 흥미와 관련된 어떤 것에 아주 구체적으로 기댈 때 취미는 코지한 것이 된다. 꼭 돈을 벌 목적이 아니어도 하게 되는 작은 기술 말이다. 하루 동안 잠시 쉴 수 있을 정도의 활동이면 된다.

나는 25년 동안 배우로 일했다. 현장에서 대사를 외우고 나면 같이 수다를 떨 만한 상대를 찾아 스튜디오 여기저기를 쑤시고 다녔는데, 대부분의 배우는 마실 것을 들고 무릎을 세운 채 구석에 앉아 있거나 계약서를 작성하거나 십자말풀이를 했다. 고개를 숙인 채 집중한 사람들을 보며 나는 그가 분명 보통 사람보다 훨씬 더 똑똑할 거라고 생각했다. 사실 십자말풀이를 하려면 어느 정도 마음의 준비를 갖춰야 하지 않은가. 위층에 사는 트레이시 역시 십자말풀이를 즐긴다. 그녀의 얘기를 들어보았다.

십자말풀이를 하려면 따로 시간을 내야 해요. 하루 종일 반복해서 생각하고 단어들을 바꿔야 하거든요. 온 마음을 집중시키고 편한 상태에서 맑은 정신을 유지해야 되지요. 십자말풀이를 할 때는 다른 일을 해서는 안 돼요! 나는 십자말풀이를 하기 전에 잘 깎은 블랙윙 연필과 깨끗한 지우개를 준비해요. 십자말풀이에 큰 소질이 없거나 전문가가 아니라면, 월요일부터 토요일까지 퍼즐을 푸는 동안 손이 잉크로 온통 엉망이 될 거예요.

물론 저는 전문가가 아니에요. 하지만 전 어디에서든 십자말풀이를 한답니다. 보통 103번가에서 지하철을 타고 문이 닫히는 순간부터 50번가에 도착해 문이 열릴 때까지 제한된 시간에 테스트처럼 풀곤 했어요. 집에서는 아이들과 테이블에서 십자말풀이를 하다가 거기 나온 단어들을 주제로 이야기를 나누죠. 그러다 강이 바라다보이는 라운드 테이블이 있는 침실로 자리를 옮기기도 해요. 방에 컴퓨터가 있어서 렉스 파커의 블로그를 함께 확인할 수 있어요. 그는 전 세계에서 십자말풀이로 아홉 번이나 상을 받은 사람이에요.

몇 개의 글자와 계속해서 나오는 실마리를 보면 코지한 기분이 들어요. 반복, 일관된 형태, 단어, 그리고 기억. 뭐 이런 것들이 나를 사로잡아요.

취미는 개인이 가지고 있는 기술이나 관계와 관련돼 있는 경우가 많다. 또한 물질과 정신, 다양한 언어, 자연과 연결되어 있다. 내 친구의 아버지는 잔디에 관심이 많았다. 다양한 종류의 잔디를 알 뿐 아니라 잔디가 어떻게 자라는지 등 잔디에 대한 모든 것에 관심이 있었다. 몇 년 전 친구의 남편에게 그의 장인이 하루 중 많은 시간을 잔디와 관련된 일로 보낸다는 이야기를 한 적도 있다. 70대 노인인 친구의 아버지는 사람들이 매일 무심코 밟고 지나다니는 늪지나 들판을 애정과 관심을 가지고 평온한 마음으로 바라본다. 사람들은 누구나 무엇인가를 보살핀다. 어떤 면에서 지구상에 있는 대부분의 것이 누군가의 관심을 받는다고 이야기할 수도 있다.

수십 년에 걸쳐 취미 생활을 할 수도 있다. 아일랜드 스텝 댄스처럼 다른 세대에게 물려준다면 다음 세대까지도 가능한 취미이다. 잘 유지하고 제대로 정리하고 연습하면 취미 생활을 잘 관리할 수 있다. 억지로 해서는 안 되지만 즐기고 있다면 다른 사람에게 퍼뜨리기도 쉽다. 딸아이가 하는 코바늘 뜨개질을 나도 해본 적이 있다. 아이는 뜨개질에 소질이 있는 편이다. 아이는 학교 뜨개질 동호회에서 뜨개질을 배웠다. 선생님, 친구들과 함께 빙 둘러앉아 있는 모습을 생각만 해도 기분이 좋아진다. 학교 생활을 하면서 위안받을 수 있는 취미를 스스로 찾아낸 것이다. 이것은 삶과 나를 연결시키는 작은 기쁨의 시작이다.

4부

여행 속의 코지

우리는
떠돌아다니는 존재

우리는 여기저기를 떠돌아다니는 존재다. 길게든 짧게 든 우리는 한곳에서만 살 수 없다. 어린 시절부터 지금 까지를 생각해보라. 우리가 살았던 곳은 다양하고 또 이 동했던 곳도 다양하다. 매일 아침 집을 나서서 학교나 일터로 향한다. 이 안에도 코지가 존재한다.

우리는 여기저기 떠돌아다니는 존재다. 여행은 수조 달러 규모 의 산업이다. 이민자와 난민, 나라 잃은 사람들, 순례자, 오래전 부터 떠돌아다녔던 사람들까지 여기에 다 포함된다. 사람들은 때로 길에서 다른 길로 움직인다. 『초원의 집』에서 아빠는 아내 와 딸들이 주일에 입을 새 옷을 만들어주기 위해 집에 있던 오 래된 잡동사니를 만카토에 가서 팔아 옥양목을 사들고 간다. 우 리는 이동한다. 움직이다가 다시 멈춘다. 그 안에도 코지가 존재 한다.

남편은 일 때문에 여러 곳으로 출장을 다닌다. 나는 남편에게 계속 어딘가를 다니면서 코지한 적이 있는지 물었다.

물론 당연히 느꼈지. 내가 어디에 도착할지 알고 있잖아. 그래서 평상시와 똑같아. 뭘 해야 할지 아니까 짐 싸는 일이 두렵지 않아. 오히려 무언가 정돈되는 듯한 느낌이 들지. 도시 근교에 살면서 출퇴근하는 사람들과 비슷하다고 할까. 기차 플랫폼에 서 있는 사람들이 기차가 도착했을 때 문이 정확히 어디서 열릴지 알고 바로 그자리에 서 있는 것과 비슷하다고나 할까. 나한테 코지한 게 뭔지 알아? 일요일에도 출장을 갈 때가 있잖아. 그런데 일요일이면 항상 축구 경기가 열리지. 물론 당신과 아이들을 두고 가서 좀 그렇긴 한데, 그런 날 경기를 보면 좀 특별한 느낌이 들어. 일거리를 앞에 두고 자리에 앉아 축구 경기를 보는 것은 정말 편안하거든.

조곤조곤 이야기하는 남편의 모습은 마치 아이 같았다. 롱아일랜드에서 태어나 자란 남편은 어렸을 때 시아버지와 쌍둥이 형과 함께 앉아 수도 없이 축구를 봤다. 그 기억 때문에 그런 말을 했으리라. 자라온 환경의 한 편린에서 코지를 발견한 것이다.

여행이야말로
코지 그 자체이다

미션 1. 여행을 떠났다면 빛을 발견해보라.
미션 2. 여행 목록을 작성해보라.
미션 3. 여행에서 일어났던 일을 매일매일 일지로 작성
해보라.

여행이야말로 코지의 절정이라고 말하는 사람도 있다. 왜냐고?
모험, 미지의 세계에서 자신을 찾는 일이기 때문이다. 낯선 곳에
대한 호기심으로 사람들은 어린아이처럼 여기저기 다닌다. 브
루스 스프링스틴은 길 위에서 많은 시간을 보낸 자신의 삶에 대
해 자서전에 이렇게 썼다.

나는 운전하면서 큰 환희를 맛보았는데, 마치 집에 있는 것 같
았다.

하지만 여행은 아주 만만치 않은 일이다. 여행은 익숙한 일

과 안락함에 대한 도전으로, 영혼이 편안히 있도록 가만두지 않는다. 지도를 보고 여행 코스를 짜면서 점점 더 나아가고, 다른 사람의 입장이 되어 걸어보고, 시야를 넓히기도 하고, 새로운 시각을 갖기도 한다.

낯선 곳에선 빛마저도 달리 보인다. 어디에서든 빛을 발견하면 코지한 기분이 드는 것은 자연이 인간과 가장 쉽게 연결될 수 있는 존재이기 때문이다. '신의 빛'에 대해 들어본 적 있는가? 한 가닥 빛이 언제 땅에 층운을 뚫고 들어오는가? 신의 빛을 찾기 위해 하늘을 쳐다보느라 시간을 보내기도 했었다.

그럼에도 이탈리아 파스타와 초가지붕, 낯선 언어에 마음이 흔들려 방랑하는 것은 지극히 본능적인 반응이다. 낯선 곳에서 이방인으로 새로운 상황에 익숙한 일상을 엮어 본래 자신의 모습을 상기시킨다.

임신했을 때 앨프레드 랜싱의 『섀클턴의 위대한 항해Endurance, Shackleton's Incredible Voyage』를 읽었다. 아일랜드 출신 영국인 탐험가 어니스트 섀클턴의 남극 모험담을 담은 책으로 1914년 항해하던 배가 빙하에 갇혔을 때 동료들을 다독이며 리더십을 발휘했던 그의 용기와 지휘 능력에 큰 감동을 받은 나머지, 나는 배 속에서 자라던 아이의 이름을 섀클턴이라고 지을 뻔했다. 배가 가라앉고 그를 비롯한 열아홉 명의 탐사팀이 시민들과 구조팀의 품으로 돌아갈 때까지 근 2년이 걸렸다.

〈뉴욕 타임스〉의 낸시 F. 코엔이 섀클턴에 관해 쓴 기사를
읽어보자.

그는 극한의 환경에서 가장 큰 장애는 분노와 일탈, 서서히 찾아오
는 비관이라는 것을 알고 있었다.

섀클턴의 상황은 조금 극단적인 예이긴 하나, 이를 통해 우
리는 질서와 관련된 모든 행위와 분열에 대해 생각하게 한다.
우리는 어떻게 코지를 유지할 수 있을까? 섀클턴은 어떻게 했
을까?

그는 모든 것이 정리된 사람이었다. 매일매일 일어난 일들을
일지로 작성하는 것은 물론 버티고 있는 곳을 최대한 따뜻하게
유지했고, 탐사팀 전원이 하루하루 버틸 수 있게 목록을 만들어
체계를 잡았다. 극한 상황에서도 섀클턴처럼 무언가를 관리하
고 정리하면 코지를 유지할 수 있다. 여행도 마찬가지이다. 특히
집과 멀리 떨어져 있을 때는 정리 목록이 필요하다.

목록과 관련해서는 질문을 던져보는 게 중요하다. 무엇을 관
리해봤는가? 무엇을 관리하고 싶은가? 아니면 아무것도 하고
싶지 않은가? 언제 감기에 걸렸고, 언제 아팠고, 많이 피곤한가?
아플 때 목록에 적혀 있는 것이 조금이라도 도움이 되는가?

나는 해외에 그다지 자주 나가는 편이 아니다. 분위기를 망

치는 소리일 수 있지만, 나는 남편과 아이들을 두고 혼자 비행기를 타고 여행하는 것을 그다지 좋아하지 않는다.

이 책을 읽은 많은 사람이 여행을 좋아하지 않거나 여행을 코지하지 않다고 여길 수 있다. 그러나 여행은 분명 코지 목록에 들어간다. 여행을 떠나기 전에 정리해봐야 할 목록을 소개한다.

나의 여행 질문지

여행하는 목적 어디로 갈 것인가? 시차에 어떻게 적응할 것인가?

옷 직접 고르는 것이 편안한가? 어떤 옷을 가져갈지 언제든 바꿀 수 있다.

온도 추운 곳으로 갈 때 특히 중요하다. 몸을 따뜻하게 할 것을 준비했는가? 기온이 따뜻한 지역이라도 밤에는 쌀쌀할 수 있다.

여행을 떠나기 전에 해야 할 일 화초에 물 주기. 돌아왔을 때 같은 상태를 유지할 수 있도록 침대 정리하기.

길을 잃을 경우를 대비해서 전화번호를 챙겨야 하지 않을까?

출장인가, 즐거운 여행인가? 힘든 일이 생겨서 잊기 위해 떠나는 여행인가? 장기간 여행인가 잠깐 떠나는 여행인가?

여행의 목적에 맞게 무엇을 가져갈지 최소한의 마음가짐을 갖추면 된다.

호텔 방 어떤 것이 떠오르는가? 무엇을 원하는가? 에어비앤비? 인적이 드문 곳?

음식과 물 내 몸에 잘 안 맞는 것은 무엇인가? 음식에 까다로운 편인가?

처방전 처방 받을 약이 있는가?

몇 살인가? 그런데 나이가 여행과 상관 있을까?

여정 여행 경로를 정해놨나? 한곳에만 머물 것인가? 비행기를 타고 가나, 아니면 비행기를 타지 않고 가는가?

기차, 배, 그리고 자동차 어떤 것이 가장 좋은가?

여권과 그 밖의 정리 여권 기간이 만료되지는 않았는가?

실수 실수가 있었을 때 대책은?

지연 여행 때문에 미뤄야 할 일이 있는가? 취미 생활을 확인해봐라.

비행기를 놓쳤을 때 다음 버스는 항상 오는 법이지만, 다음 비행기는 언제쯤 오는가?

짐 싸기 언제 시작할 것인가? 무엇을 챙길 것인가?

목표 여행 가서 무엇을 하길 원하는가?

가이드 지도, 기사. 여행 가는 곳에 대한 정보는? 물론 도착해서 찾아볼 수도 있다.

여행지 여행을 가기 전에 점심 장소 등을 미리 검색하는가? 어떤 사람은 무작정 찾아가는 것을 원한다.

누구와 여행을 하는가? 친구랑 가는가, 가족과 가는가? 아니면 혼자 가는가?

데위의 여행 목록

내 친구 데위는 여행을 자주 한다. 물론 여행에 능숙하기도 하다. 지금은 유럽에 살면서 출장을 다니거나 멀리 있는 가족을 보기 위해 여행을 떠난다. 여행 전문가라고 할 수 있는 데위에게 여행 목록을 물어봤다.

- 세련된 파자마와 담요
- 편안하지만 다용도로 활용 가능한 바지
- 드라마 시리즈
- 안대와 이어폰
- 베이글과 바나나 같은 탄수화물 먹거리 - 기내식은 절대 먹지 않는다
- 검정색 바지 한 벌
- 청바지 한 벌

- 수영복 한 벌

- 운동화와 로퍼

- 메이크업 용품과 크림

- 책

- 유로로 환전하기

- 매일 똑같은 식으로 입기

- 여행 가방에 기념품과 선물을 위한 자리 남겨놓기

- 가방이나 배낭, 캐리어를 너무 무겁게 만들지 말 것

- 현실의 중압감에서 벗어나 여행을 휴일로 만들기

- 미리 공항에 가서 스트레스를 없앨 것

- 줄을 설 때는 이어폰을 꽂고 음악 듣기

- 검색대에서 어차피 벗을 것은 어떤 것도 걸치지 말 것

새로운 장소에서 일상적인 일을 하기

어린 시절부터 40년 넘게 우정을 이어온 루디의 여행 이야기를 소개한다.

여행에서 내가 가장 중요하게 생각하는 것은 코지한 것을 가지고 가는 거야. 어렸을 때 쓰던 베개를 가져와서 침대에 놔봐. 예쁜 숄

을 가지고 가서 필요할 때 침대 위에 펴놓는 것도 추천해. 가끔 숙소의 침대 커버를 보면 맥이 확 풀릴 때가 있거든. 짐은 바로 푼 다음 집에 있던 코지한 물건을 방에 정리해둬. 객실에 욕조가 있으면 바로 들어가서 몸을 담가. 숙소 근처에 커피 마실 곳이나 사소한 물건을 살 만한 곳이 있는지 항상 알아둬야 해. 소지품은 그대로 두지 말고 새 둥지처럼 최대한 공간을 만들어서 옮겨놔.

중국에 있을 때 몽키 킹 호텔에 있었어. 6주 동안 머물렀던 그 호텔 방이 생각나네. 전망이 정말 좋았어. 이건 아주 중요해. 전형적이지 않더라도 본인이 중요하게 생각하는 뭔가를 찾아내야 해. 내가 머물렀던 중국 호텔에선 창밖으로 아주 아름다운 수양버들이 보였어. 작은 개울 옆에 회반죽을 바른 벽이 있었는데, 그걸 볼 때마다 중국에 왔다는 실감이 나서 말할 수 없이 행복했어.

집에 있을 때 조깅처럼 일상적으로 하던 일이 있으면 여행을 왔더라도 그대로 해. 다른 도시에 왔다고 해서 자기가 즐기던 좋은 습관을 군이 멀리할 이유는 없어. 열여덟 살 때 샴페인의 나라 프랑스에 갔던 기억이 나. 이탈리아에도 수많은 와인 마라톤이 있지만 수십 년 동안 전 세계 와인의 최강자로 군림해온 보르도에도 와인 마라톤 대회가 있었어. 당연히 프랑스에서도 참가했지. 이런 식으로 새로운 장소에서 일상적인 일을 해나가면 코지를 찾을 수 있어.

혼자 중국에 도착했을 때 좀 겁이 났던 기억이 있어. 나는 시장까지 걸어가 복숭아를 사 먹었어. 그랬더니 마음이 좀 진정되면서 편해졌어. 복숭아는 세계 어디든 다 똑같으니까!

덴마크에서
휘게를 느끼기

"음식을 손에 들고 있으면 아주 간단하게
나쁜 세상이 좋은 세상으로 전환되면서 잘못된 것이 바로잡혀요."
– 니겔 슬레이터

미션 1. 여행의 순간에 최선을 다해 집중해라.
미션 2. 모든 것을 느낄 수 있도록 모든 감각을 열어두
어라.

옷을 여러 겹 겹쳐 입은 사람들. 자전거. 덴마크뿐만 아니라 스
칸디나비아반도에 있는 나라들 전체가 코지하다. 이 지역의 나
라들에는 모두 '따스하다'라는 의미와 관련된 단어가 있다. 노
르웨이의 '코슬리^{koselig}', 스웨덴의 '미시그^{mysig}', 덴마크의 '휘게
^{hygge}'가 바로 그것이다. 나는 덴마크에 가기로 결정했지만, 휘게
때문이 아니라 햄릿 때문이었다.

열다섯 살 때 셰익스피어의 비극을 읽고 나서 언젠가는 엘
시노어에 가겠다고 맹세했다. 햄릿의 연인 오필리어와 나를 동
일시했던 것이다. 술에 취한 덴마크 왕자가 분노에 차 있는 모

습에 홀딱 반한 건 맞지만, 사실 그는 나를 차버린 10대 시절 남자친구들처럼 느껴졌다. 햄릿이 오필리어를 수도원에 버리고 그녀가 결국 차디찬 개울에서 죽음을 맞이하는 장면은 내 머릿속에 또렷이 남았다. 당시 나는 로미오와 줄리엣에 완전히 빠져 있었다. 그들의 시끌벅적한 애정 행각은 대형급 태풍같이 강렬한 인상을 남겼다. 낭만적인 걸 좋아하는 어린 사춘기 소녀에겐 제법 그럴듯한 내용이었다. 우울한 비극이지만 가슴에 와닿는 진정성이 느껴져 심금을 울렸다. 이것이 바로 코지다.

인간은 복잡한 생명체다. 코지한 관념을 생각하고, 그것을 감정적으로 느끼며, 우리 마음 깊은 곳까지 끌어들인다. 예술 작품이나 이야기를 우리 자신과 연결시키면서 다른 사람들도 마찬가지라고 생각한다. 이렇게 위로를 받고 외로움을 승화시킨다.

아기 포대기처럼 색소폰 케이스에 누더기가 된 『카라마조프 가의 형제들Bratya Karamazovy』을 넣고 다니던 남자친구가 있었다. 긴 머리 록 가수는 좀처럼 신에 대해 이야기하지 않을 거라고 생각하겠지만, 그는 그러지 않았다. 내 말은 젠장, 모차르트의 레퀴엠이 편하게 느껴지다니 그것은 바로 죽음에 대한 것이지 않나! 코지를 찾기 위해 우울한 왕자의 고향인 엘시노어에 가는 길에서조차 레퀴엠이 휘게라는 말보다 더 편하게 느껴졌다. 어쨌든, 그래서 덴마크에 왔다.

"다른 나라를 이해하기 위해 가장 먼저 해야 할 일은 냄새를 맡는 것이다." 로디아드 키플링은 이렇게 썼다. 덴마크의 어느 바닷가에 갔을 때 그곳의 흙을 만지는 것만으로 휘게가 손에 잡힐 거라고 기대했던 나는 그곳의 모든 것을 느낄 수 있도록 내 안의 모든 감각을 열어두었다.

키플링의 말을 생각하면서 택시를 기다리는 동안에도 안개 냄새를 맡기 위해 숨을 깊게 들이마시기도 했다. 미국 메인 주에서 안개를 보면서 사랑, 뱃사람들의 삶, 운동복을 떠올렸듯 이곳에서도 안개를 보면 어떤 영감이 떠오르리라 기대했던 게 사실이다. 하지만 하루 내내 햇빛이 내리쬐는 맑은 날만 계속됐다. 그래도 해보자는 마음에 택시 뒷좌석에 앉아서 창밖을 뚫어져라 쳐다보며 계속 휘게를 찾았다.

붉은 지붕, 울 스카프와 청바지를 입고 커피 컵을 들고 다니는 사람들, 자전거, 빵집이 보였다. 그런데 조금 묘한 구석이 있다. 두 손으로 우유 거품을 가득 올린 뜨거운 커피가 든 도자기 머그잔을 감싸고 있을 때도, 카페 테라스 의자에 말끔하게 접힌 푸른색 울 담요가 올려져 있는 것을 봤을 때도, 빵집을 나설 때 울리는 벨 소리를 들었을 때도, 얇고 바삭거리는 따끈따끈한 크루아상을 봤을 때도 나는 놀라울 정도로 실망스러웠다. 코지는 커녕 나와 연결되어 있는 것이 아무것도 없다는 생각이 들었다.

혼자서 스웨터를 여러 벌 걸쳐 입는다고 해서 그 사람이 코지한 것은 아니다. 북유럽에서 내가 깨달은 것은 코지를 원한다면 모든 것이 마술처럼 나타날 거라는 기대에 차지 말고 모든 게 생각 밖이라 불평스럽거나 피곤하더라도 최선을 다해 집중해야 한다는 것이었다. 나 역시 솔직히 휘게의 본고장에 왔으니 더 많은 것을 느끼고 싶었다. 이곳에서 밝게 활활 타오르는 촛불이 내 마음속에서 뭔가 더 활활 타오르게 하는 것을 만들어내기를 바랐다. 하지만 현실은 그렇지 않았다. 처음에는 이곳이 낯설고 혼자 있으니 외로워서 내가 좋아하는 자갈길조차 별다른 감상을 주지 못했다. 이런 상황에서 휘게를 느끼려면 어떻게 해야 할까?

무의식적으로 집에 전화를 걸 수도 있었지만, 내 삶에 있는 모든 사람에게서 몇천 마일 떨어진 곳에 있다는 자유로움을 느끼면서 억지로라도 천천히 주변에 있는 것들을 흡수하려고 했다. 그 순간 휘게의 특징을 정의하는 것이 사실은 아주 간단하다는 생각이 들었다.

코펜하겐에는 노천카페가 많다. 그리고 모든 테이블이 마시고 떠드는 사람들로 꽉 차 있다. 가장 이색적인 풍경은 핸드폰을 들고 있는 사람들을 찾아보기 어렵다는 것이다. 우리는 종종 모여 앉아서도 각자 핸드폰을 보는 버릇이 있다. 가끔은 이럴 거면 왜 만났지? 하는 생각이 들 정도다. 그런데 코펜하겐에서는 이런 풍경을 찾아볼 수 없다. 어떤 카페에 잠시 들렀는데, 스마트폰을 들여다보는 사람은 딱 한 사람뿐이었다. 그는 문자를 확인한다며 양해를 구하는 것처럼 서 있었다. 사람들은 어디에서나 서로 얼굴을 마주보고 있었다. 나는 사람들의 이야기에 주목하기 시작했다. 비록 덴마크어를 할 줄 모르지만 어느새 코지한 기분이 들었다. 카페나 바가 시끄러울수록 더욱더 강하게 휘게가 느껴지는 것은 왜일까? 바텐더 테아는 이렇게 말했다.

이곳은 사람들의 재잘거리는 소리로 시끄럽기 때문에 휘게한 거예요. 마음이 편안해지면서 하고 싶은 온갖 이야기를 다 할 수 있지요. 조용한 버스 안에서는 이야기하고 싶지 않은 마음이 들잖아요.

코펜하겐에선 자전거도 대중교통법에 따라야 한다. 자전거를 탄 코펜하겐 사람들은 물고기처럼 쌩쌩 나아간다. 자전거는 대부분 앞에 커다란 버킷을 달고 있다. 울 스카프를 여러 겹 두른 생기발랄한 얼굴의 여자들이 버킷을 가득 채운 채 자전거를 타고 지나갔다. 카트에 호박을 싣고 가는 것처럼 자전거를 타는 사람은 아무도 없었다. 대부분의 사람들은 자전거를 타고 길에 나란히 가는 사람들이나 아니면 버킷에 타고 같이 가는 사람들과 이야기를 나눴다. 모두가 함께한다는 것이 그날의 질서처럼 보였다. 코지는 안개 속에서 점점 모습을 드러내는 배처럼 서서히 나타났다.

여행을 가기 전, 나는 요리 연구가 매그너스 닐슨의 『더 노르딕 쿡북The Nordic Cookbook』을 샀다. 이 책에는 스칸디나비아 음식, 역사, 문화에 관한 내용이 담겨 있다. 닐슨은 노르웨이인 특유의 긴 머리에 지저분한 수염, 반짝거리는 눈을 가졌다. 북유럽 출신의 이 셰프를 보면 바이킹의 후예라는 생각이 절로 든다. 나는 TV 요리 프로그램을 보면서 노르웨이 사냥꾼과 채집자들이 얼음 낚시를 하고, 소나무 숲에서 무릎을 꿇은 채 초록색 수영Sorrel을 채취하고, 풀머갈매기Fulmar 알을 찾으려고 스토라디문Stóra Dímun 섬의 가파른 절벽에 목숨을 걸고 올라가는 모습에 완전히 매료되었다.

닐슨은 스웨덴에서 파비켄이라는 식당을 운영하면서 그 지역의 역사와 문화, 지리적 특성을 세상에 알리고 있다. 그는 특히 스칸디나비아반도 사람들이 자라면서 먹었던 음식이나 흔히 찾아볼 수 있는 음식을 잘 만들어낸다. 그 배경에는 조국에 대한 자긍심이 자리하고 있을 것이다. 그는 이 모든 것을 코지하다고 느끼는 게 틀림없다.

나는 이 모든 것을 아우르는 닐슨의 방식에 매료됐다. 특히 현지에서 오랜전부터 내려오는 오픈 샌드위치 스뫼레브뢰드Smørrebrød에 빠졌다. 이것에 대해 그는 이렇게 썼다.

이 음식의 원조를 찾으려면 1000년 전으로 거슬러가야 한다. 스뫼레브뢰드는 수백 개의 변형된 형태가 있다. 오픈 치즈 샌드위치를 보면 북유럽 음식 문화를 구성하는 가장 기본적인 요소를 볼 수 있다. '조화로운 맛'은 오랫동안 이어질 수 있다는 것을 보여준다.

'조화로운 맛'은 개인의 취향, 문화, 정체성, 온도 등 모든 것이 조화를 이룬 것이라는 생각이 들었다. 그렇다면 이 역시 근본적으로 코지한 게 아닐까?

닐슨이 책에서 보장했던 것처럼 코펜하겐 도시 어디를 가든 샌드위치가 있었다. 덴마크에서 머물던 작은 호텔의 컨시어지에 덴마크식 샌드위치를 어디에서 먹을 수 있는지 물어보니, 그는 휘게가 진하게 느껴지는 스뫼레브뢰드를 파는 가게가 작은 계단 아래 있다며 손가락으로 가리켰다. 손으로 그린 약도를 들고 가게를 찾기 위해 자갈 도로를 따라 걸어갔다. 유리창에 촛불이 은은히 켜져 있는 모습이 보였다. 드디어 샌드위치 가게에 도착했다.

가게는 베아트릭스 포터^{Beatrix Potter} 토끼굴의 〈아키텍추얼 다이제스트^{Architectural Digest}〉 버전이었다. 여기저기 놓인 촛불이 짙은색 나무 기둥과 노출 회벽을 은은하게 비췄다. 족히 반세기는 된 것 같은 등나무 의자는 양가죽으로 덮여 있었다. 놀랍게도 식당의 메뉴는 모두 스뫼레브뢰드였다. 웨이터 제프는 두서너 가지를 함께 주문해보라고 제안했다. 곧바로 훈제연어, 치킨, 버터밀크를 가득 담은 접시가 테이블에 채워졌다. 제프는 마치 이 도시로 가는 열쇠를 주는 것처럼 주문한 음식 옆에 회색 울 봉투를 내려놓았다.

"빵이에요." 그는 아주 자랑스러운 얼굴로 말했다.

나는 빵 주머니를 열어 두툼하게 썬 따끈한 검은 호밀빵 한 조각을 꺼냈다. 한 입 물자 호밀 특유의 투박한 질감이 느껴졌다. 마치 숲속에서 무언가를 발견한 듯한 기분이었다.

"빵을 늘 이런 식으로 내놓나요?"

"오, 그럼요! 저 길가에 계신 여자분이 저희 식당의 빵 주머니를 다 만드셨어요. 무려 80개나 되지요. 이 주머니를 쿠베르 브뢰드 kuvertbrød ("테이블에 놓을 준비를 하는", 프랑스 말로는 놀이를 의미한다)라고 불러요. 우리는 빵이 주머니에 잘 들어갈 수 있게 알 맞은 크기로 잘라서 넣지요."

자신의 작품을 자랑스레 보여주는 어린아이처럼 반짝이는 얼굴로 손님을 접대하는 그 젊은 친구는 휘게에 관해 이야기를 나눌 수 있는 사람이 분명했다.

"휘게? 잠시만요. 주방에 가서 다른 사람들에게도 물어볼게요." 그는 쏜살같이 달려갔다. 나는 한 손에 빵 한 조각을 반듯하게 놓았다. 포크로 크림 셀러리, 삶은 닭, 오이피클을 집어 덴 마크의 대표적인 빵 루그브뢰드 rugbrød에 올렸다. 다른 스뫼레브 뢰드에는 볶은 양파와 메리골드 빛깔의 노른자가 주변에 흘러

내리는 플란넬 모양의 부드러운 달걀을 올린 뒤 구운 쇠고기 조각을 곁들였다. 여러 가지 음식을 수북이 올려놓은 채 한 번에 입에 쏙 넣었다. 물론 들어가는 음식은 취향에 따라 달랐다.

주방에 있는 동료와 이야기한 후 돌아온 제프는 휘게에 관해 아주 신중하게 자신의 생각을 이야기했다. 그의 영어는 덴마크식 억양 때문에 획 하는 소리가 강하게 들렸다.

"할머니나 여자 친구와 함께, 아니면 혼자서도 충분히 휘게를 느낄 수 있어요." 가슴에 손을 대고 서 있는 그는 감정이 점점 북받치는 듯했다. 그는 크게 숨을 들이쉬더니 마음을 가라앉히고 말했다. "보세요. 제 직업도 그래요! 전 항상 휘게하다고 생각하지요!"

그의 감정이 내 마음 어느 한곳을 툭 건드렸다. 나도 카페에서 일한 적이 있고, 제프가 말하는 것을 나도 그것을 느꼈기 때문이다. 문득 내가 그 일을 좋아한 것 같다는 생각이 들었다. 나는 내가 가장 코지하다고 생각하는 일을 했던 것이다. 나는 배고픈 사람들에게 음식을 나눠주는 일을 좋아했다. 내가 일했던 이스트 빌리지의 레스토랑에는 수많은 촛불과 나무를 태우는 오븐이 있었다. 빵 주머니는 없었지만 모든 테이블에 올리브오일을 담은 병이 있어 원하는 만큼 먹을 수 있었다.

내 상사이면서 레스토랑 주인이었던 레니는 공간의 분위기를 조성하는 데 탁월한 재능이 있었다. 레니는 레스토랑에 오는 사람들이 모두 행복해지길 바라는 마음으로 일을 했다. 애틀랜타 출신인 레니는 더 블랙 크로우스^{The Black Crowes}라는 밴드를 잘 알았다. 그는 늘 소매를 걷어 올린 와이셔츠에 청바지를 입고 세련된 구두를 신었으며 팔은 온통 문신으로 뒤덮여 있었다.

레니는 올리브 씨를 제거하는 일이 코지하다고 했다. 그는 정확히 이렇게 말했다. "코지"라고. 그는 화덕 앞에 있는 피자 작업대에서 자주 올리브에 대해 이야기했다. 그런 이야기를 하고 있는데 한번은 엘튼 존의 〈텀블위드 커넥션^{Tumbleweed Connection}〉(이 앨범을 잘 모른다면 지금 당장 들어봐라)이 흘러나왔다.

레니는 칼라마타 올리브를 도마에 놓고 올리브가 상하지 않게 살살 씨를 빼낸 다음에 누르면서 이 일은 아주 체계적으로 해야 한다고 말했다. 저녁 시간을 준비하기 전 이 일을 하다 보면 생각이 정리된다고 했다. 그는 올리브 씨를 더 많이 발라낼수록 손님을 위한 저녁 준비가 된 것이라고 생각했다. 잘 손질된 올리브가 쌓여 있는 것을 보면 마음이 아주 편안해진다고 했다. 안타깝게도 레니는 20대 때 약물 남용으로 세상을 떠났다. 요리를 할 때마다 그는 늘 나와 함께한다.

영국에서
코지하기

미션 1. 영국에서 정원을 가꿔보라.

미션 2. 아이처럼 그냥 흘러가게 내버려두라.

미션 3. 여행에서 당신에게 위안이 될 만한 장소를 찾아
보라.

코지의 본고장은 단연 영국이다. 나의 영국 예찬이 너무 뻔한
백인 취향의 이야기로 들릴 수도 있겠지만 어쩔 수 없다. 어렸
을 때 부모님은 내가 잠든 줄 아셨겠지만 나는 피아노 아래 몰
래 숨어서 영국 BBC에서 방영한 드라마 시리즈 〈업스테어스
다운스테어스Upstairs, Downstairs〉를 봤다. 그 이후 나는 영국에 대한
것에 아주 강하게 끌리게 되었다.

　영국으로 여행을 떠난다면 아주 편할 거라고 모래 위에 적
은 적도 있다. 〈불의 전차Chariots of Fire〉, 정산소종(중국 푸젠성에서 나
는 홍차. 영어로 랍상소우총lapsang souchong이라 불리며 영국에서 크게 인
기를 끌었다─역자 주), 트럭 운전사의 차, 장미, 정육점, 영국인의

독특한 억양, 제이미 올리버와 휴 그랜트, 카레, 콩과 토스트, 빅토리아 샌드위치 케이크, 새우 스캠피, 패스티 파이와 캐드버리 플레이크, 반려견 문화, 호그와트, 공원, 매너, 비틀스, 백파이프, 롤링 스톤스, 드라마 〈울프 홀Wolf Hall〉과 〈다운튼 애비Downton Abbey〉, 연립주택, 〈그레이트 브리티시 베이킹 쇼〉, 잡지 『헬로Hello!』, 런던 지하철, 800년대 군주들, 플로리시Floris 목욕 오일, 비, 제인 오스틴, 에밀리 브론테, 머천트 아이보리Mercahant Ivory 영화사, 버지니아 울프, 타탄tartan, 엉겅퀴, 영국 음식 칼럼니스트 나이젤 슬레이터Nigel Salter, 양, 구불구불한 언덕, 찰스 디킨스.

물론 여기서 내가 말하려는 것은 영국이 코지의 완전체라는 것이 아니다. 무엇보다 당신이 누구인지 생각하고 개인적인 경험을 통해 어떤 것이 나와 연결되어 있는지 곰곰이 생각해보라. 여행에서 상징적으로 자신에게 큰 위안이 되는 장소를 찾을 수도 있다는 의미다. 뉴욕의 우리 집에는 엉겅퀴(스코틀랜드의 국화)가 담긴 유리병이 늘 놓여 있는데, 나는 이것을 볼 때마다 모든 퍼즐이 맞춰지는 것처럼 안정감이 든다. 가시로 뒤덮여 뾰족뾰족하게 핀 꽃송이가 스코틀랜드를 상징하는 꽃이라는 것은 한참 뒤에 알게 됐다.

영국에 도착한 첫날, 기차역에서 오랜 친구 니나를 만나 런던 타워로 가기 위해 지하철을 탔다. 니나는 영국 조경 학교에서 공부하고 있다. 우리는 런던 타워까지 가는 길에 조경에 관해 많은 이야기를 나눴다. 애초에 정원을 방문할 계획이 없었기 때문에 나는 노트를 꺼냈다.

"영국에서 정원을 가꾼다는 것은 어떤 것보다 코지한 것 같아. 다른 곳도 마찬가지이지만 장미가 있는 정원은 정말 최고지. 영국인은 장미와 밀접한 관계가 있는 것 같아."

니나는 내가 메모하는 동안 계속 이야기를 이어갔다.

"꽃을 고르고 다듬는 일은 정말 코지해. 나는 꽃을 심을 때 가장 코지하다는 생각을 해. 꽃을 위험한 상황에서 빼내 안전하게 보호해주려고 작은 집을 만들어주는 거잖아. 꽃이 피는 철이 되길 기다리면서 자기만 볼 수 있는 곳에 심어놓고 꽃이 잘 뿌리를 내려서 어느 날 불쑥 피어나갈 기다리는 거지."

이런저런 이야기를 하다 보니 금세 런던 타워에 도착했다. 박물관에서의 코지는 무엇일까? 나는 이것을 '행복'이라고 표현하고 싶다. 전시장 안내도나 오디오 가이드에 모든 것을 맡기고 나를 내려놓는다는 의미다. 온전히 박물관 자체에 나를 맡기고, 그냥 숨을 크게 한번 들이쉰다는 의미이기도 하다.

우리는 이어폰을 끼고 팔짱을 낀 채 과거로의 여행을 시작했다. 코지하려면 아이처럼 이야기 속으로 빠져들어 모든 게 그냥 흘러가게 내버려두는 것이 중요하다. 박물관 같은 장소에 대한 비판이나 저항감은 당신이 이런 중요한 질문에 답하는 데 방해만 될 뿐이다. '이렇게 된다면 어떻게 될까?' '내가 헨리 8세의 왕궁을 지키는 신하였다면 어땠을까?' '엉겅퀴를 수놓은 옷을 입고 왕관을 쓴다면 어떨까?' '내가 만약에 춥고 어두운 음산한 탑에 갇힌 앤 불린^{Anne Boleyn} 왕비였다면 어땠을까?'

런던 타워의 코지한 것들

- 오디오 가이드(모든 역사 유적지에 관한 사실)

- 박물관 전시장 지도

- 템스 강(랜드마크)

- 스톤헤지(얼마나 오랜 세월 동안 사람들이 밟았는지 모른다. 여러 나라에서 온 사람들과 함께 줄을 서서 기다렸는데, 한 해 방문객이 2500만 명이나 된다고 한다)

- 언어

- 배우기(왕의 침대가 무엇으로 만들어졌는지, 얼마나 많이 층을 이뤄 침대를 정리했는지 등 모든 것을 볼 수 있다)

- 1500년대 수녀 복장을 한 여성이 이끄는 학교 현장 수업

- 대관식 옷에 수놓인 엉겅퀴(이는 매우 강력한 상징이다. 홀, 보주, 칼, 왕관에서도 찾아볼 수 있다)

- 가이드 투어에서 흥미로운 사실을 듣고 친구와 동시에 깨닫는

상황

- 점심을 어디로 먹으러 갈지 고민하는 일

- 오디오 가이드를 잠시 멈추고 벤치에 앉아 역사 속으로 들어간

뒤 친구와 함께 이야기하는 것

- 그 시대로 돌아가 사는 일 상상해보기

- 기념품 가게(헨리 8세와 앤 불린의 크리스마스 기념품 사기)

술집에는 거부할 수 없는
코지함이 있다

"우리가 겪는 어려움은 다 똑같아."
– 응원 주제가

미션 1. 커뮤니티 활동을 해보자.

미션 2. 사람들과 함께 술집에 가보자.

술집, 호텔 바, 클럽, 펍. 고급스럽거나 화려하거나 우중충한 수많은 술집은 다양한 형태와 이름, 역사적 배경이 있기에 모두 다 코지하다. 솔직히 말해서 술집을 가장 코지하게 만드는 요소는 술이다. 이는 분명한 사실이다. 그곳에선 모든 사람이 당신의 이름을 아는 것만 같다. 커뮤니티 활동은 코지에 있어 중요하다. 물론 술을 마시는 일도 여기에 포함된다. 지금부터 하려는 이야기가 음주를 조장하는 것 같아 조금 무책임하게 보일지도 모르겠다. 하지만 전혀 그런 의도가 아님을 미리 밝혀둔다.

1800년대에 만들어진 〈컴 홈, 파더^{Come Home, Father}〉라는 노래가 계속 머릿속에서 맴돈다. 엄마와 함께 아픈 남동생을 돌보던 어린 소녀가 술집에 있는 아버지에게 집에 가자고 애원하는데 아버지는 밤새도록 술을 마시고 그동안 결국 남동생은 숨을 거둔다는 내용의 노래다. 이런 상황에서는 "술집은 코지해"라고 말하기 어렵다. 사실, 내가 과거에 벌인 꼴사나운 행동들은 거의 모두 술집과 관계돼 있다. 알코올중독자까지는 아니었지만, 솔직히 고백하는데 술을 마시면 감정 조절이 안 되고 주사를 부리던 때도 있었다. 주로 로어 이스트 사이드에서 술을 마셨는데 뉴욕 시내에 있는 싸구려 술집에 잘못 들어가 낭패를 본 적도 있다.

그럼에도 술집에는 분명 '거부할 수 없는' 코지함이 있다. 술집이 문을 닫는 날이거나 한산할 때도 퀴퀴한 맥주 냄새가 술집 밖으로 퍼져 나오면 기운이 나는 것만 같다. 알코올의 독특한 냄새를 맡으면 특별한 소속감 같은 것이 느껴지고 코지한 기분이 확 든다. 그 냄새는 웃고 춤추고 키스하고 수다 떠는 모습을 연상시킨다. 살찐 술집 경비원이나 땀에 흠뻑 젖은 한 무리의 친구들에게 둘러싸여 열심히 춤추고, 맥주병의 버드와이저 라벨을 벗기고, 밴드와 사진을 찍고, 주크박스를 갖고 놀고 사람들의 무리 속에서 자유를 만끽했던 스무한 살 그때 그 시절의 모든 것과 연결된다.

세련된 술집에서 40대 나이에 맞는 칵테일을 한 잔 주문하려고 쭈뼛대는 지금도 술집에 들어가면 코지한 감정이 든다. 기대고 싶어지는 튼튼한 마호가니 가구와 흥얼거리는 사람들의 소리, 칵테일을 만드는 데 온 정신을 집중한 바텐더, 얼음으로 채워진 컵, 사람들의 영혼, 그리고 이 모든 이야기에 내가 속해 있다는 생각이 아주 분명하게 든다. 모든 것에 마음이 열리는 느낌이라고나 할까.

술집을 가기 위해 꼭 영국에 갈 필요는 없다. 우리 집에서 아주 가까운 곳에도 이곳과 비슷한 술집, 쉽게 말해 대학가의 술집이나 재즈 클럽 같은 술집이 두 곳이나 있다. 하나는 영국의 산악 지대에 있는 아주 오래된 술집처럼 보인다. 자료를 찾다가 알게 됐는데, 로마제국의 타베르나이^{tabernae} 등 술집의 역사는 매우 오래됐다.

런던에 있는 동안 친구 마크와 그의 형 돔은 친절하게도 이 책을 쓰는데 도움이 될 만한 술집으로 나를 안내해주었다. 손바닥만한 크기의 새우 스캠비와 완두콩 맛, 아주 커다란 잔에 담긴 거품이 멋지게 올라와 있는 기네스 맥주도 좋았지만, 내가 코지를 느낀 대상은 바로 이들 형제였다. 퀸 여왕 시대부터 있었을 법한 나무로 지은 술집에 들어갔을 때, 휴 그랜트보다 더 친절한 모습으로 그들은 내게 뭘 마시고 싶냐고 물어보고는 직접 가져다주었다. 전형적인 영국식 매너로 말이다.

이런 술집이 영국의 축축한 비를 피해 오는 젊은이들의 피신처가 될 거라고는 생각하지도 못했다. 소리를 지르며 축구 경기를 보거나 대학 친구들과 신나게 뛰어다녀야 할 나이 아닌가? 이곳에서 청혼할 방법을 물어보거나 부모님에 대한 고민을 하며 시간을 보냈을까? 이런 개인적인 질문을 하는 게 주제넘게 끼어드는 건 아닌가 하는 생각이 들었지만, 그들이 자주 오던 곳이라는 느낌이 확실히 들었다. 그들 형제는 그곳에 있는 것이 '편안해' 보였다. 그들과 그곳 사이에는 특별한 무언가가 있는 것처럼 보였다. 형제는 그곳에서의 언어, 리듬, 전통을 본능적으로 알고 있었다.

그날 저녁, 나는 영국에서 역사 깊기로 유명한 술집에서 융숭한 대접을 받았다. 낮은 천장과 기둥, 스카치 에그와 파이, 에일 맥주와 샌디^{shandy}(맥주와 레모네이드를 섞은 음료. 보통 여성들이 즐긴다—역자 주). 그런데 내 눈에 보인 것은 이런 것들이 아니었다. 이곳에 그들 형제가 있기 때문에 코지가 존재했다. 그들 형제는 어디에서나 볼 수 있을 만한 그런 사람일 수 있다. 중요한 것은 이 세상 어느 곳에 우리가 함께 있다는 사실이다. 맥주가 채워진 잔과 튀김이 들어 있는 봉지를 든 그들과 나는 코지하게 연결되어 있었다.

걸을 때 우리는
세상 속으로 들어간다

"걷는 사람들에게 매력적인 일은 걷거나 풍경을 보는 것보다는
누군가와 이야기를 하는 것이다.
걷는 동안에는 입안의 혀를 움직이거나 혈액이 순환되고
뇌가 계속 활동할 수 있어서 좋다.
나무가 우거진 숲에서 나는 냄새를 사람들이 무의식적으로 받아들이기에
요란스럽지 않고, 우리의 눈과 영혼, 감각에 위안을 준다.
하지만 무엇보다 이야기하면서 큰 즐거움을 맛본다."
— 마크 트웨인

미션 1. 함께 걸으며 이야기를 나눠보자.

미션 2. 반려견과 산책을 해보자.

지팡이. 걸으면서 회의하기. 워킹 슈즈. 걸을 준비. 워킹 투어. 팔짱 끼고 걷기. 산책길. 심장과 뼈 건강을 위한 걷기. 도시 걷기. 숲속 걷기. 아이들과 걷기. 어딘가를 따라 걷는다는 것. 바라본다는 것. 어딘가 낯선 곳에 도착하거나 익숙한 것들과 함께한다는 것. '거닐다'라는 말 자체부터 코지하다.

아이들 중학교 수업 중에 '함께 걷기'라는 수업이 있다. 45분 동안 날씨가 어떻든 간에 학생들은 인솔자의 지도 아래 주변

동네를 같이 걷는다. 이 프로그램은 아이들은 물론 인솔 교사에게까지 모두에게 유익했는데, 더 이상 진행되지 않아 학교에 그 이유를 물었다. 학교의 모든 사정을 꿰뚫고 있는 버커리 여사의 대답은 간단했다. "이유가 무엇이든 정말 아쉬운 일이죠. 아이들에게 소속감을 주는 행사였는데 말이에요."

나 역시 그 말을 하고 싶었다! 우체통까지 같이 걸어가는 일이 왜 코지한 일인지 말이다. 아이들은 수업하는 그날만큼은 자신이 주변 환경과 연결되어 있음을 느끼고 기업인, 노숙자, 우편 배달원, 가게 주인, 버스, 인도 등 자신에게 노출된 세상에 열린 시각을 가질 수 있었다. 이 모든 지식을 바탕으로 아이들에게 자연스럽게 역사나 수학을 가르칠 수도 있다. 친구들과 걷거나 개를 데리고 산책하는 것도 더할 나위 없이 코지한 일이다.

어릴 적 친구 바네사와 함께 걷기 위해서라면 나는 정말 바다를 건너서라도 바로 날아간다. 나는 그녀의 시골 벽돌집에서 딱 하루를 보냈는데, 아이들과 남편이 각각 학교와 직장에 가고 나면 우리 둘은 아침 설거지를 끝내고 주방 테이블에서 커피를 한 잔 마신 다음 침대를 정리하고 바로 장화를 신었다. 우리만의 시간이 된 것이다. 반려견 헤이젤에게 목줄을 두르고 함께 집을 나섰다. 우리가 목적지로 삼은 황무지는 조금 먼 거리에 있는 완만한 지역이었다. 마치 『폭풍의 언덕』에 나오는 것 같은 강한 바람이 몰아치는 그런 곳이었다.

사랑하는 내 친구와 함께 언덕과 계곡을 걸으며 이야기를 주고받았다. 함께 걸으면서 이야기를 나누면 아주 뿌듯하면서도 만족스럽다. 뇌가 맑아지는 느낌이다. 이런 이유로 '걸으면서 회의하기'가 사람들 사이에서 유행인데, 이렇게 하면 밖에 나가서 신선한 공기를 쐬며 심장을 움직일 수 있다.

뉴욕으로 돌아가고 싶었을 때, 나는 바네사와 함께 걸으며 아주 커다란 엉겅퀴를 봤고, 털이 고불고불하게 말린 소들이 빤히 쳐다보는 가운데 길을 따라 걸었다. 헤이젤은 우리 앞을 바람처럼 쌩하고 먼저 달려나갔다. 개, 자연, 커뮤니티. 모든 게 코지 그 자체였다!

만약 같이 걸을 수 있는 친구가 없다면 어떻게 해야 하나? 살아오면서 친구가 없다고 느낄 때가 많았다. 많은 사람이 가끔 같이 걸을 수 있는 친구가 없다고 느낀다. 이런 순간이 코지가 가장 중요할 때이자 코지를 찾기 가장 어려운 때이다. 이런 순간이 오면 나는 걸을 것이다. 친구가 없는 그 순간에도 걷다 보면 기분이 한결 나아진다. 버커리 여사의 말을 떠올려보자. 걷는 것은 소속감을 준다. 걸을 때 우리는 세상 속으로 들어간다. 바꾸어 말하면, 세상은 우리를 품을 수 있는 행운을 갖는다. 한 걸음 한 걸음이 코지 그 자체다.

혼자만의 시간을
코지하게 만들기

미션 1. 길을 잃었을 때는 마음을 활짝 열어 주변의 것
을 받아들여라.
미션 2. 사소하고 일상적인 것들을 떠올려 지금 이 순간
으로 끌어오라.

영국을 여행하는 동안 길을 잃거나 혼자라는 생각이 들었던 적
은 없었다. 그러나 시차로 인해 약간의 피로감을 느꼈고, 몸도
좀 아팠고, 아이들과 오랫동안 떨어져 있어서 마음도 편치 않았
다. 낯선 길 때문에 주눅이 들기도 했다. 영국에서의 계획을 모
두 취소하고 싶어지기도 했다. '런던이 코지하든 말든 누가 신
경이나 쓰겠어?'라는 생각이 들었다. 정말 누가 상관이나 하겠
는가? 서로 싸우고, 난민들은 집을 얻으려고 난리고, 브렉시트
Brexit 문제로 투표를 막 끝낸 이곳에서 말이다. 그러니 누가 이런
작은 일에 신경이나 쓰겠는가? 하지만 살면서 큰 변화가 있을
때마다 다시 일어서는 데 가장 도움이 되었던 것은 아주 작은

일상의 조각들이었다.

그래서 거리에 서서 스스로에게 물었다. 이 도시에서 어떻게 하면 나와 가까운 일상들을 끌어올 수 있을까? 마음속 조리개를 활짝 열어 주변의 것들을 받아들였다. 내가 좋아하는 나무가 있나? 공중전화 부스는? 마치 내가 카페에서 자리를 찾지 못해 불안해하는 10대 아이처럼 느껴졌다. 지금 내가 볼 수 있는 것은 무엇인가?

순간, 감정이 확 올라와 문을 열고 커피숍 안으로 들어갔다. 그때 떠오른 이름이 있었다. 폴. 언제나 내가 좋아하는 이름이다. 그 이름은 빵이 진열된 커피숍 카운터에 볼드체로 적혀 있었다. 아는 이름을 보자 친숙한 느낌이 들어 마음이 차분해졌고, 이 안에 앉아 있으면 모든 것이 다 괜찮아질 거라는 생각이 들었다. 커피숍 안에는 수다를 떠는 사람들, 일하는 사람들, 신문을 보는 사람들이 있었다. 벽에 누군가 적어놓은 글귀도 보였다. '우리 가족은 1889년부터 열정 하나로 빵을 만들어왔습니다.'

구석에 남은 자리가 없어서 거품이 가득한 미스토misto와 크루아상을 먹으면서 주변을 둘러보려고 벽 가까운 곳에 앉았다. 내 옆에는 이스라엘 여자 세 명이 커피를 마시면서 수다를 떨고 있었다. 그들은 내가 알고 있는 평범한 엄마들처럼 아이들을 학교에 데려다주고 잠시 시간을 보내는 사람들일 수도 있다. 순간, 내가 이렇게 주변을 관찰하는 것을 굉장히 좋아한다는 것을 깨달았다. 오른쪽에는 과외 받는 사람들이 있었는데, 수학 문제를 풀면서 서로 플레이키 페스트리를 먹으려고 했다. 지극히 평범하면서도 누구나 바로 알 만한 풍경들이지만 갑자기 감정이 북받치면서 내가 거기에 반응하고 있으며 긍정적인 방식으로 모든 것이 정리되고 있다는 것이 느껴졌다. 그 커피숍을 나만의 요새로 마음에 담고 나자, 앞으로의 여정을 잘 헤쳐나갈 수 있을 거라는 생각이 들었다.

커피숍을 나와 길가 모퉁이에 마이크 니컬러스의 로맨틱 코미디 영화에 나올 것 같은 책방이 보여 성큼 들어갔다. 나는 앤서니 도어의 소설 『우리가 볼 수 없는 모든 빛 All the Light We Cannot See』을 집어들었다.

책방에서 나와 몇 블록을 지나자 정육점이 보였다. 오래된 창가를 통해 보석 같은 원조 파이가 놓여 있는 게 비췄다. 문을 열고 들어가 점심으로 먹기 위해 닭과 완두콩이 듬뿍 들어 있는 파이 하나를 집었다.

공원에 앉아 새로 산 책을 읽으면서 파이를 먹었다. 날이 조금 쌀쌀해서 가방에서 스카프를 꺼냈다.

여행을 하다 길을 잃어버려도 괜찮다.

"배회하는 우리는 길을 잃지 않는다." J. R. R. 톨킨의 유명한 말이다. 배회한다는 것은 무엇보다 가장 코지한 일이다. 왜냐하면 한 치 앞을 알 수 없는 거기에는 자유, 용기, 창조, 그리고 어떤 정신이 들어 있기 때문이다.

이런 기분은 꼭 여행할 때만 느껴지는 게 아니다. 전남편이 이혼하자고 이야기했을 때 나는 주방에서 길을 잃은 기분이었다. 아버지가 뇌졸중으로 쓰러지셨을 때 나는 운전을 하면서 길을 잃은 기분이었다. 동물병원에서 죽어가는 나의 반려견을 곁에서 지켜주지 못했을 때 나는 침대에서 길을 잃은 것만 같았다.

이때 무엇이 길을 찾게 도와주는가? 길을 잃었을 때 어떻게 살아남을 수 있는가? 또 다른 먼 길에 발을 내딛기 위해서는 용감한 움직임이 필요하다. 더러는 독서용 안경을 손에 잡으면서, 목에 스카프를 두르면서, 나무 위에서 나는 새들의 노래를 들으면서 힘을 얻게 된다. 사소하고 일상적인 순간들이 우리를 일으키게 할 수 있는 코지이다.

5부

삶이 힘들 때
나아갈 수 있는 힘

코지할 수 있는
나만의 비책

인생을 살면서 때때로 힘든 순간에 봉착한다. 이럴 때 가장 필요한 게 코지이다. 흔들리고, 아무것도 할 수 없을 것처럼 괴로울 때 코지할 수 있는 방법만 알고 있다면 우리는 마음의 안정을 찾고 인생의 다음 단계로 넘어갈 수 있는 힘을 얻을 수 있다.

"당연히 힘들지." 살면서 상처를 받을 때마다 엄마는 늘 이렇게 말씀하셨다. 그리고 나는 그 말에 상처를 받기도 했다. 저 문장 자체는 인생이 뭐 다 그렇다는 의미겠지만, 힘들다는 사실은 절대 변하지 않는다. 하지만 그런 말을 내뱉는 것 자체만으로도 기분은 한결 괜찮아진다. 코지한 것에는 손으로 잡을 수 있는 책, 목욕물, 머그잔 같은 것이 있지만 대부분의 코지는 우리의 영혼이나 신비, 의식의 영역과 맞닿아 있다.

이번 장에서는 코지할 수 있는 각자의 비책을 이야기해볼 것이다. 코지를 찾아내는 당신만의 방법을 발견하길 바란다.

불확실한 상황에서
평정심 찾기

미션 1. 불안한 상황에서 신경을 멀리하자.
미션 2. 불확실한 상황에서 도움이 될 만한 물건을 근처
에 둬보자.

분명히 해둘 게 있다. 유방 엑스레이 촬영을 하면 육체적으로
불쾌하기도 하고 때로는 통증이 동반되기도 한다. 자세히 말하
기는 좀 그렇다. 받아들이기 어려운 진실과 맞닥뜨려야 할 수도
있지만, 병원에 있는 모든 사람은 나약하고, 상처받기 쉽고, 어
느 정도의 불확실성을 감당하고 있다는 것을 인정한다면 궁극
적으로 현실을 수용하는 데 도움이 될 것이다.

엑스레이 촬영실이 있는 층에서 엘리베이터 문이 열리는 그
순간, 조용히 가라앉아 있던 걱정이 확 올라왔다. 갑자기 춥게
느껴지기도 했다. 그냥 따뜻한 정도가 아니라 적당한 온도가 필
요했다. 엑스레이 촬영 가운을 입고 대기열의 마지막에 서서 순

서를 기다리면서 다른 사람이 촬영하는 모습을 보지 않으려고 이리저리 눈을 피하고 있는데 문득 책 표지 하나가 눈에 들어왔다.

액자에 끼워진 책 표지가 창틀에 세워져 있었다. 『로스트 오션Lost Oceans』이라는 컬러링 책이었다. 책 제목 주변으로 해초 줄기, 문어, 산호, 열대어가 정신없이 그려져 있었다. 아래 인쇄된 종이에는 이렇게 적혀 있었다.

이 책을 원하시는 분은 어디에서든 열람할 수 있습니다. 클립보드가 필요하신 분은 안내 데스크에 문의해주시기 바랍니다.

뜻밖의 안내문을 보고 나는 신경을 딴 데로 돌리면 기운을 차릴 수 있을 것 같다는 생각이 들었다. 그러고 보니 여기저기서 컬러링북에 색칠하는 사람들이 보였다. 나는 그 책에서 눈을 뗄 수 없었다. 이 아이디어가 누구에게서 나왔는지 알아내고 싶은 마음으로 그곳에서 일하고 있는 직원들을 하나하나 지켜봤다. 몇 분에 한 번씩 사람들이 와서 무릎을 덮기 위한 부드러운 담요를 준비해줄수 있는지 물었다. 대기실 뒤쪽에는 커피와 차, 따뜻한 물이 준비되어 있었다. 사람들은 멍하니 주위를 훑어보는 날 보고는 다가와서 춥지 않은지 두 번이나 물어봤다. 조그마한 난방기 주변에는 안락해 보이는 의자가 놓여 있었다. 난방기는 별 문제 없이 잘 작동됐다. 병원에 있는 사람들 중 그 누구도 불안하면서도 서글픈 묘한 기분을 완전히 없애줄 수는 없었지만, 분명한 사실은 이런 힘든 과정을 버틸 수 있도록 함께 도우며 애써주었다는 것이다.

병원 대기실을 지켜보면서 나도 저렇게 누군가를 돕는 사람이 되어야겠다는 생각이 들었다. 유방 엑스레이 촬영처럼 별로 달갑지 않은 경험을 하고 있을 때는 우리 주변에 그 어떤 도움의 손길도 없다고 생각하기 쉽다. 그런데 여기에는 두 가지 경우가 작용한다. 유방 엑스레이 촬영이 끔찍한 경험일 수 있지만 만일 그 안에서 우리가 뭔가를 조절할 수 있다면 상황이 조금 나아지기도 한다. 집을 나서기 전에 마음을 가라앉혔는가? 차와 커피가 필요한가? 잠시 들러서 커피나 차를 가져올 수 있는 곳이 근처에 있는가? 당신의 주의를 끌거나 흥미로운 잡지 기사가 있는가? 아주 맛이 강한 껌은? 옷을 제대로 입고 있는가? 다른 옷을 가져왔는가? 옷은 깨끗한가? 부드러운가? 벗어두거나 보관하기 수월한가? 불안하거나 불확실한 상황을 이겨내는 데 도움이 되는 것들을 충분히 갖추고 있는가? 동행한 사람이 있으면 좀 더 마음이 편안한가?

소아과 진료실에서 두 살, 네 살배기 어린아이들과 함께 기다렸던 기억이 난다. 단순한 정기 검진 때문에 간 것이었지만, 아이들은 자신이 왜 그곳에 있는지 몰랐다. 아이들의 미묘한 감정에 세심하게 신경을 써주는 의사는 드물었다. 얇은 종이 가운에 덮인 아이들의 연약한 어깨 위로 불안감이 흘러 나왔다. 나는 처방받는 것에 온통 정신이 쏠려 있었다. 주변에서 벌어지는 일들에 대한 정보가 좀 있었다면 그렇게 겁먹지 않았겠지만, 내 지식에는 한계가 있었다. 나는 의사들이 대체 왜 아이들의 귀를 들여다보는지 알 수 없었다. 정신을 딴 데로 돌리려 해도 잘되지 않았다.

마음을 진정시키기 위해 1일부터 100까지 숫자를 셌다. 내가 침착한 모습을 보여야 아이들도 안정을 찾을 것이다. 불안한 모습을 들키지 않도록 천천히 숫자를 마음속으로 되뇌었다. 효과가 있었다. 숫자 세기에 집중하면서 주변 상황이 좀 더 객관적으로 보이고 감정을 장악할 수 있었다.

힘든 사람들을
편안하게 하는 방법

미션 1. 다른 사람들이 힘든 것을 온전히 이해하기.
미션 2. '괜찮으세요?'라고 묻기.

의사 세 명에게 병원과 코지의 관계에 대해 물어봤다. 그들은 조금도 주저하지 않고 바로 "간호사와 이야기해보세요"라고 말했다. 그래서 나는 적당한 간호사를 찾아보았다. 일흔두 살의 앤 핀크는 뉴욕-프레스비테리언Newyork-Presbyterian 신경집중치료 병동에서 45년 동안 주로 중환자를 돌봐온 간호사다. 그녀는 의사인 내 친구와 같이 일을 했다. 앤은 계속 침대에 누워 있어야 하는 환자들을 돌보는 일을 했는데 환자들은 대부분 뇌졸중 환자나 두개골을 절개한 후 뇌동맥류나 심각한 트라우마를 겪는 사람들이었다. 앤은 커피를 한 모금 마시더니 이야기를 시작했다.

이유가 뭐든 간에 난 환자들을 돌보는 일이 힘들지 않아요. 오히려 이 일이 좋아요. 여기는 내가 좋아하는 곳이에요. 병원은 코지한 곳이고, 집중 치료실은 코지가 필요한 곳이지요.

다른 사람들을 편하게 하는 방법은 수천 가지가 있어요. 수백 명의 환자가 있는데, 한 사람이 편안하다고 해서 다른 사람들이 마찬가지라고 할 수는 없지요. 환자는 환자대로, 보호자는 보호자대로 잘 생각해서 돌봐야 다들 코지할 수 있어요.

환자나 보호자 모두 심각하게 고통받는 사람들이에요. 그들을 온전히 이해하려는 것 자체가 코지한 것이라고 생각합니다. 사람들은 자기들이 어떻게 돌봄을 받고 있는지 알고 싶어 해요. 이런 이해가 바탕이 되면 훨씬 좋은 효과를 발휘하지요. 이해는 보통 '어떻게'라는 질문으로 시작돼요. 예를 들면, '침대에 있는 그 사람의 심정은 어떨까? 세상이 어떻게 보일까?' 같은 질문을 던지는 거예요.

그리고 정리도 중요해요. 수많은 정맥주사를 정렬시켜놓고 하나하나 이름을 붙여놓아요. 그걸 보고 있으면 마음이 차분해져요. 깨끗하게 닦인 환자의 얼굴과 손, 잘 빗겨진 머리, 깔끔하게 정돈된 침대는 아주 중요해요. 환자들을 늘 걱정하는 가족들에게도 마찬가지로 그것들은 중요하지요, 사소한 것에서 불안은 안정으로 바뀌어요.

앤의 지적이고 당당하면서도 차분한 행동 때문에 그녀 옆에 앉은 나는 마치 할머니 곁에 있는 것처럼 편안함을 느꼈다. 앤이 내 마음 또한 평온하게 진정시킨 것이다.

정보도 중요해요. 집중치료실에 있는 환자들 주위에는 기계 장치가 굉장히 많아요. 이런 풍경은 가족들을 초조하고 두렵게 만들지요. 가족들에게 이 기계들이 어떤 역할을 하는지, 왜 필요한지 설명해주는 것은 가족들의 코지를 위해 매우 중요하답니다.

그녀는 자신이 돌보던 환자 중 누군가가 떠올랐는지 살며시 웃었다.

집중치료실에서는 환자들이 욕창이 생기지 않도록 두 시간에 한 번씩 자세를 바꿔줘야 해요. 사실 환자들을 편안하게 해주는 일은 어려워요. 몸이 많이 불편한 분들이라 편안하게 해드린다고 이야기하기도 어렵지요. 게다가 말을 할 수 있는 환자도 있지만, 의식이 전혀 없는 환자도 있어요. 하지만 전 그분들이 편하기를 바라기 때문에 늘 "괜찮으세요?"라고 물어봐요. 그리고 우리가 기분이 좋으면 환자들도 편하겠거니 대충 짐작하지요. 침대를 정리하기 전에 환자가 덮을 시트를 탁탁 펴고 시원하게 하는 건 환자들에게 우리가 그들을 잘 돌보고 있다는 일종의 메시지를 보내는 것이지요. 메시지를 받은 환자는 마음이 편해지고, 그럼 저희도 편해진답니다. 코지할 수 있는 게 어려워 보이지만 생각보다 어렵지 않아요. '괜찮으세요?'라고 물어보는 것부터 시작되지요. 노력하면 누구나 코지할 수 있어요. 코지는 실천으로부터 온답니다.

힘든 상황을
견뎌내기

미션 1. 잠시 숨을 고르기
미션 2. 가장 나다운 모습을 생각해내기.

"다 괜찮을 거야." 어떤 소식을 전할 때마다 아버지가 늘 하셨던 말씀이다. 예를 들면, 언젠가 아버지가 나를 부르더니 이렇게 말씀하셨다. "다 괜찮을 거야. 근데 할아버지가 돌아가셨다." 하지만 아버지의 말을 들으면 어떤 일이 벌어져도 놀랄 필요가 없으며 다 괜찮아질 거라는 생각이 들었다. 우리 집에선 기본적으로 그 무엇도 화들짝 놀랄 만한 일이 아니었다.

몇 년 전 아버지가 뇌졸중으로 쓰러지셨다. 다행히 아버지는 거의 후유증 없이 회복하셨다. 하지만 혈액의 농도를 묽게 하는 약을 처방받아 계속 복용하고 계신다. 이 일을 겪은 뒤 몇 년이 지나고 나서 이 책을 쓰기 위해 부모님 댁에서 여름을 보낸

적이 있다. 아이들은 여름 탐사를 떠났고 남편 피터는 도시에서 일을 하고 있었다. 내 일과는 글을 쓰고 요리하고 개를 산책시키는 일정으로 꽉 짜여 있었다. 매일 똑같은 일상과 스케줄로 틀에 박힌 생활이었지만 그래도 좋았다. 그러던 어느 날, 아버지가 코에서 피를 철철 흘리면서 내가 일하고 있는 방으로 들어오셨다. 혈액 희석제 때문인지 상황이 좋지 않았다. 아버지를 모시고 우선 보건소로 달려갔다. 의료진에게 아버지를 병원에 모시고 갈 수 있도록 조치해달라고 했다.

집에 돌아와서 며칠 동안은 엉망진창이었다. 이런 말이 참을성 없이 들릴 수도 있지만 정말 꽝이라는 말이 딱 어울렸다. 아버지가 서 계셨던 주방 싱크대는 여기저기 붉은 피가 튀어 있어 깨끗하게 닦아내야 했다. 반려동물들이 다 그렇지만 부모님이 키우는 고양이는 뭔가 심각한 상황이 벌어진 것을 알아챘는지 지나치게 예민해졌다. 폭풍 전야처럼 걱정이 떠나질 않았다. 전화를 해서 모든 계획을 다 취소했다. 혹여나 아빠가 잘못되면 어쩌나 하는 불안감이 엄습했다.

우리는 늘 코지할 수 없지만 잘 견뎌내야 한다. 침대를 정리한 뒤 그 속에 쏙 들어가 있는 건 코지한 일이지만, 그런 상황에서 침대에 누워 있는 것은 그다지 코지하게 느껴지지 않았다. 요리책도 마찬가지였다. 입고 있던 옷이 갑자기 불편하게 느껴져 청바지와 운동복 상의로 갈아입었다.

나는 아버지에게 무슨 일이 일어났는지 알리려고 남동생에게 전화를 했지만 제대로 설명할 수 없었다. 그다음에 전화했을 때는 말이 마구 터져나왔다. "나 무서워. 이런 상황이 정말 싫어. 아버지가 흘린 피를 치우면서 눈물을 멈출 수 없었어." 동생에게 좀 더 참을성 있는 모습을 보여주었으면 좋았을 텐데, 암울한 상황에 대해 이야기하다 보니 하지 않아도 될 이야기까지 늘어놓고 말았다.

귀에 익숙한 남동생의 목소리가 날 위로했다. 고작 10분 정도의 통화였다. 우리는 어렸을 적 강인했던 아버지의 모습을 떠올리며 조금 웃었다. 갑자기 혼자가 아니라는 사실을 깨달았다. 단 몇 초 만에 코지한 느낌을 가질 수 있다. 이런 느낌은 오랫동안 지속되어 나중에는 더욱 견고해진다.

나는 주변에 있는 것들부터 하나씩 정리했다. 냉장고 아래 칸에 있던 곰팡이가 핀 치즈를 버릴 때쯤 두려운 생각을 다스릴 수 있었다.

나는 보리 스튜를 만들기 시작했다. 며칠 전『PS 87 패밀리 쿡북 PS 87 Family Cookbook 』에 나온 레시피를 봤다. 아주 추운 계절이나 마음이 불안할 때는 이리저리 섞어 만드는 음식이 필요하다는 생각이 불현듯 들었다. 이런 일이 갑자기 생길 거라고 누가 알았겠는가? 하지만 일은 일어났다.

가는 길에 차 안에서 라디오를 틀어 엘튼 존의 〈타이니 댄서

Tiny Dancer〉를 들었다. 메인 주에 사는 사람이라면 FM 라디오에서 이 노래를 한 번쯤 들어봤을 것이다. 이 노래가 내 안의 정신에게 말을 걸었다. 나는 부모님께 힘이 되어드릴 수 있는 또 다른 내 영혼이 필요했다. 엘튼 존은 나를 그 영혼에 닿게 해줄 것 같았다. 힘든 시련을 겪을 때 문제를 해결하기 위해서는 가장 자신다운 모습이 필요하다. 때로는 순조롭지 않을 수도 있고, 오히려 우리 안에 있는 가장 나쁜 감정들이 먼저 튀어나오기도 한다. 이는 자연스러운 일이다. 당연히 그래도 괜찮다. 하지만 잠시 숨을 고르고 코지할 수 있는 자신만의 도구를 불러낸다면 우리 안에 있는 좀 더 지혜로운 자아가 한 발 앞으로 나아갈 것이다.

가령, 익숙한 노래를 듣거나 창문 밖을 바라보고 전화기 옆 메모지에 낙서하는 일 같은 것 말이다. 우리는 인생이란 배를 이끄는 선장이다. 나 자신을 이끌어 실행에 옮기기 위해 가능한 한 모든 것을 동원해야 한다. 코지는 우리 주변에 그냥 존재하는 게 아니다. 코지는 우리가 연료를 채워넣어야 하는 자동차와 비슷하다.

삶의 마지막 순간을
코지하게 맞이하는 방법

차를 마시기 전에는 반드시 다기를 먼저 데워야 한다. 그리고 물을 끓여라.
컵에 차 1티스푼을 넣어라. 4분간 기다려라. 차를 따를 수 있게 찻잎을 제거하라.
우유를 넣어 부드럽게 즐길 수도 있다. 설탕을 넣으면 갈증을 해소시키는 데 도움이 된다.
향기로운 차를 우려내는 동안 당신은 생기가 돌면서 새롭게 태어날 것이다.
— 스코틀랜드 전통 차 우리기

미션 1. 당신이 좋아하는 컵을 곁에 두어라.

미션 2. 따뜻하게 데워진 컵에 차를 마셔보자.

지금 내 옆에는 아주 커다란 머그잔이 놓여 있다. 차, 컵, 온도
(뜨거운 물을 적당한 온도까지 식힌다. 온도를 딱 맞추면 해돋이를 보는 것
처럼 완벽한 느낌이 든다), 향, 카페인은 어린 시절 친구들에게 마음
속으로 인사하는 것 같은 느낌을 준다. 우리는 차를 마시기 위
해 항상 주전자부터 채운다. 열여섯 살 때부터 현재까지 수십
년이 흐른 뒤에도 내가 즐겨 쓰는 컵에 차를 우릴 때면 멀리 살
고 있는 친구들이 가까이에 있는 것처럼 느껴진다. 친구들과 소
파에 털썩 주저앉아 담배를 피우며 남자친구나 선생님에 대해
이야기했던 사춘기 시절로 돌아가는 것만 같다.

대부분의 사람들이 따뜻한 음료를 마시는 만큼 코지한 것이 없다고 말했다. 내 친구 모는 어렸을 때 매일 밤 아버지가 따뜻한 우유와 시럽을 섞어 주었다고 한다. 질문을 던지자마자 이 말을 하려고 평생 기다려온 사람처럼 얼마나 빨리 말했는지 모른다. 나는 서둘러 화제를 차로 옮겼다. 그녀는 이 이야기로 한나절은 거뜬히 보낼 수 있을 것 같았다. 그녀 말고도 많은 사람이 따뜻한 음료에 대해 이야기해주었다. 많은 사람에게 있어 코지는 따뜻하게 데워진 컵과 같다.

잡지 〈아틀란틱The Atlantic〉에 의하면, 킬로그램으로 계산했을 때 1인당 차를 가장 많이 마시는 나라는 터키다. 연간 1인당 3킬로그램의 차를 마신다. 그 뒤는 모로코, 아일랜드, 모리타니아, 영국, 세이셸, 아랍에미리트공화국, 쿠웨이트, 카타르가 순서대로 뒤를 잇는다. 미국은 순위에서 중간 정도를 차지했다. 1인당 커피 소비량이 가장 높은 국가를 조사해보니 완전히 다른 양상이 나타났다. 핀란드, 노르웨이, 아이슬란드, 덴마크, 네덜란드가 1위부터 5위를 차지했다.

차를 마실 땐 온도와 정리가 중요하다. 적정하게 따뜻한 온도로 데워진 컵과 차를 마시기 위해 하는 일련의 정돈 과정은 마음을 편안하게 해준다. 외롭다는 생각이 들면 수백만 명의 사람이 스토브 앞에서 물이 끓을 때까지 기다리며 서 있는 모습을 떠올려보라. 일본 사람들은 16세기 때부터 차노유茶の湯라고 불리

는 다도 의식을 지켜왔다. 가히 예술이라 부를 만한 이 의식은 세대와 세대를 이어 전승되고 있다. 이런 의식은 일본에만 있는 것이 아니다. 미국 뉴욕 만 입구에 있는 스태튼 섬이나 모스크바의 주방에서도 차를 마실 때 하는 나름의 의식이 있다. 머그잔, 휘젓기, 압축하기, 갈아서 마시기, 주전자 등 차를 마실 때 우리가 하는 행위를 조용히 생각해보라. 어느 나라에 살건 차를 마시는 건 모든 사람에게 행복을 떠올리게 한다.

모로코에서는 감미료와 향이 아주 강한 민트를 넣어 끓인 물을 높이 들어 작은 잔에 붓는다. 이렇게 높은 곳에서 물을 따르는 이유는 우유 냄새가 나지 않게 차를 만들기 위해서다. 끓는 물이 작은 폭포처럼 떨어지는 광경은 차를 따르는 행위 자체가 문화로서 얼마나 중요한가를 보여준다.

당신의 컵은 큰 편인가, 작은 편인가? 무게는 어느 정도인가? 자동차 컵 홀더에 딱 맞는 크기인가? 손으로 직접 만들었는가? 내가 좋아하는 머그잔은 뉴욕 주 북부에 있는 어느 농장에서 산 것이다. 그 잔에는 젖소가 한 마리 그려져 있다. 결혼한 지얼마 되지 않았던 아주 오래전 가을, 남편과 나는 어린 세 남매를 데리고 이 농장에서 안식을 찾았다.

어린아이들에게 농장은 아주 의미 있는 장소다. 우리처럼 도시에서 사는 사람들에게는 더욱 그렇다. 우리 가족은 늘 이런 것을 찾아다녔다. 어쨌든, 우리 가족에게 필요한 자양분이 무엇인지 알고 난 이후에는 농장을 찾아 울타리에 기대서서 젖소를 바라보는 것을 즐겼다. 농장의 작은 카페에선 방금 전 본 닭이 낳은 달걀로 만든 샌드위치를 팔았다.

몇 년 전부터는 스타벅스에서 나오는 홀리데이 컵 때문에 오로지 커피만 마시고 있다. 나는 단지 그 환상적인 붉은 컵 안에서 어떤 일이 벌어질지 궁금해 흥미로운 커피 세계에 입문해 버렸다. 물론 그 컵에 차를 주문해도 됐을 테지만, 커피만큼 잘 어울릴 것 같지 않았다. 바리스타에게 이 이야기를 했더니 "다른 분들도 그렇게 말씀하시더라고요"라고 말했다.

사람들은 차를 마시면서 사랑에 빠지기도 하고, 뒤죽박죽된 생각들을 정리하면서 하루를 뒤돌아보기도 한다. 이혼하기 전, 전남편과 나는 경제권과 아이들 양육 문제를 놓고 이야기를 나누면서 차를 마셨다. 차를 준비하고 그것을 마시는 동안, 우리는 머리를 맞대고 일을 잘 마무리했다. 얼그레이가 중재자 역할을 톡톡히 한 셈이다. 지금의 남편은 커피만 내릴 줄 아는데 커피를 내릴 때는 세금과 관련된 일을 할 때만큼이나 아주 신중해 보인다.

돌아가실 무렵 할머니는 버링턴에 있는 병원에 계셨다. 돌아가시기 전 몇 시간 동안은 어린 시절을 떠올리면서 보스턴에 살던 증조부모님, 전쟁, 프랑스, 예술, 생전에 그렸던 수많은 새에 관해 말씀하셨다고 한다.

나는 할머니와 그리 가까운 사이가 아니었다. 같은 와스프^{Wasp} 혈통이라는 이유로 의례적인 관계는 유지했지만, 물리적인 거리 때문에 자주 찾아뵙지는 못했다. 하지만 나이가 들면서 할머니와 가깝게 느껴진다. 이 책을 쓰는 동안에도 그분 생각이 자주 났다.

할머니는 편안함과는 거리가 먼 분이셨다. 내성적이어서 아무에게나 마음을 쉽게 터놓지 않아 대하기가 쉽지 않았다. 또한 이지적이고 뛰어난 예술 감각을 지녔던 분이었다. 흥에 겨워 감정이 넘쳐흐르거나 따뜻한 분은 아니셨다. 내가 좋아하는 할머니 사진이 있다. 할머니가 한 손에 담배를 들고 다른 한 손에 조그만 토끼를 잡고 계신 사진인데, 그 옆에는 찻잔이 놓여 있다. 파스텔 가루가 묻은 할머니의 손가락도 보인다.

할머니는 영감이 좋았던 분으로, 절대 허튼짓을 하지 않으셨다. 동물의 심리를 잘 이해해서 늘 곁에 두셨다. 앵무새와 개를 여러 마리 키우셨는데, 어떤 때는 라쿤도 키웠고 책장에는 작은 올빼미도 살고 있었다.

할머니가 삶의 마지막에 이르렀을 때 엄마가 곁을 지켰다. 엄마는 나중에 이런 말씀을 하셨다. 할머니가 옛날 일을 떠올리시면서 '작은 커피 잔'을 부탁했다고 했다. 삶의 마지막 순간 할머니는 작은 컵으로 코지함을 끌어낸 것이다.

음악은 우리의 진정한 모습을 바로 심는다

미션 1. 음악과 자신이 연결되어 있는 포인트를 찾아라.
미션 2. 음악을 위해 주변을 정돈해라.

음악의 숭고함과 심오함은 우리의 진정한 모습을 바로 심을 수 있는 가장 빠른 방법이다. 삶이 힘들 때 가장 직관적으로 순간의 변화를 가져다줄 수 있다. 내가 이 장을 쓰고 있을 때 우연찮게 아이가 집에 있었다. 둘째 아들 토머스는 기타를 치면서 하루 중 가장 좋은 시간을 보낸다. 토머스는 방에서 에이빗 브러더스의 〈노 하드 필링No Hard Feelings〉을 연습하고 있었다.

나는 아이를 불렀다. "아들, 연습하기엔 너무 거창한 곡 아니야? 하기야 어떤 곡이든 네가 감정을 느낄 수 있으면 코지한 거지. 설사 그 노래를 좋아하지 않더라도 그것과 연결될 수 있으니까 말이야."

무엇보다, 자기가 좋아하는 것이 아니더라도 자신과 연결되어 있는 것을 찾는 것이 코지의 중요한 포인트다. 그런데 한창 감정이 몰아치는 10대 아이가 "느낌을 알았다"고 말하는 것을 상상하니 너무 웃겼다. 어쨌든 록 밴드 그레이트풀 데드의 팬들이 야외무대를 가득 채우고 폭우를 맞으며 춤을 추는 모습이나 아빠가 FM 라디오에서 흘러나오는 스티비 원더의 노래를 들으며 운전하셨던 기억을 떠올리자 나는 의욕에 넘쳐 글을 쓸 수 있었다.

어렸을 때 엄마는 내가 첼로를 배우길 원하셨다. 엄마가 첼로를 켤 줄 아서서 그랬던 것 같다. 나는 첼로를 배우는 게 좋았지만 그다지 소질은 없었다. 음악 자체를 이해하는 게 어려웠기도 했고 연습할 때 왠지 외롭다는 생각이 들었다. 선생님이 누구였는지조차 기억나지 않는다.

그런데 웨스트 포티에 있는 퀴퀴한 냄새가 나는 악기 가게에서 첼로를 빌렸던 기억은 난다. 가게 주인의 등 뒤에 바짝 붙어 비올라가 줄지어 진열된 곳을 지나갈 때 나무 널빤지로 만든 마룻바닥이 삐걱거렸던 게 생생하다. 환상의 나라 나니아ᴺᵃⁿⁱᵃ를 찾기 위해 옷장을 까치발로 통과하는 루시가 된 기분이었다. 동유럽 신사처럼 보이는 주인 아저씨가 악기를 빌릴 수 있게 도와주었다. 그가 이츠하크 펄먼Itzhak Perlman(20세기 가장 위대한 바이올리니스트로 손꼽히는 미국 연주자—역자 주)의 개인 소장 바이올린을 보관하는 사람이라고 했어도 난 그 말을 믿었을 것이다.

그는 첼로와 활을 조율한 다음, 낱장으로 인쇄된 악보로 가득 채워진 유리 카운터 뒤로 가서 서랍을 열었다. 서랍을 여는 소리가 록 음악처럼 주변을 시끄럽게 만들었다. 그는 호박색 덩어리를 하나 꺼내 내 손에 쥐어주었다. 마치 소나무 숲에 온 것 같은 향기가 났다. 그가 활에 대고 송진을 위에서 아래로, 앞으로 뒤로, 천천히 그리고 빨리 문지르며 어떻게 발라야 하는지 하나하나 내게 가르쳐주는 동안, 엄마는 행복한 표정으로 지켜보셨다. 아이의 삶에서 변화가 일어나는 그 순간을 지켜보는 것은 엄마로서 분명 흥미로운 순간이다. 송진은 활 털을 끈적거리게 만들어 연주할 때 활이 첼로의 줄에 좀 더 잘 붙게 해서 분명하고 아름다운 소리를 내게 한다. 그는 첼로를 연주하기 전에 반드시 송진을 바르라고 강조했다. 그리고 나는 그 지시를 잘 따랐다. 활에 송진을 바르는 것이 내가 첼로 연습을 하는 유일한 이유였다.

나는 송진 덩어리를 작게 접은 펠트 천과 함께 뚜껑이 있는 작은 벨벳 박스에 보관했는데, 이 박스는 첼로 케이스 안에 붙여져 있었다. 엄청난 의식을 행하는 기분이었다. 첼로를 연주하던 그해 배운 것이 있다면 바흐 연주곡이 아니라 첼로 활에 송진을 바르는 의식이었다.

음악을 위해 필요한 사소한 주변 도구들을 관리하고 정돈하는 게 얼마나 심오하고 중요한 일인지 알게 되었다.

토머스가 기타 피크를 잡기 위해 사용하는 작은 은색 컵도 마찬가지다. 그 컵은 아이가 노는 방에 항상 있다. 아이 방에는 중간 두께의 피크가 늘 준비되어 있는데, 골이 파인 다양한 색상의 피크들이 은색 컵에 담겨 있다. 아이는 은색 컵에서 그날 쓸 피크를 진지하게 고르는데 이때마다 난 송진을 바르던 어린 시절이 생각나서 미소가 지어진다.

코지는 인생에서
가장 따뜻한 순간

미션 1. 삶이 힘들 때 당신을 도와줄 만한 사람을 찾아 보라.

미션 2. 따뜻한 순간을 기억하고 떠올려라.

미션 3. 코지가 일어날 수 있도록 노력하고 행동에 옮겨라.

이 책을 쓰면서 종교에 대해 정말 많이 생각했다. 밤새도록 그 생각에서 벗어나지 못한 적도 있다. 성경 구절이나 가르침, 구전 율법과 구약성경, 의자 아래 보관된 예복과 두꺼운 책등, 의식, 관습, 기도. 전통적이면서도 현대적인 종교의 복합체에서는 확실히 코지를 찾을 수 있다. 종교는 어떤 것과도 연결된 것처럼 보인다. 교회, 시너고그synagogue(유대교 회당─역자 주), 모스크mosque(이슬람 사원─역자 주), 종교적 지도자, 기도하는 사람, 신, 그리고 바로 우리 자신과 연결돼 있다. 그 과정이 너무 압도적이라 다 따를 수는 없지만 말이다.

메인 주에 있는 교회에 앉아 있으면 우리 가족 자리 가까이에 있는 창문 밖으로 자작나무가 보인다. 나무껍질 위에는 민속 작가가 목탄으로 그린 것 같은 희미하게 얼룩진 모양이 있다. 나뭇가지에는 늘 새들이 앉아 있는데, 새들이 지저귀는 소리에 목사님의 설교가 제대로 들리지 않을 때도 있다. 뉴욕에 있는 교회에서도 이 자작나무에서 전해지던 그때의 평정심이 느껴진다. 바로 이 느낌이 종교에서 느껴지는 가장 익숙한 감정이 아닐까 싶다.

쓸데없는 생각을 떨쳐버리고 정리하는데, 내가 쓰려고 했던 것이 종교가 아니라 도움에 관한 내용이라는 생각이 분명해졌다. 나는 다른 사람들에게 많은 도움을 받았다. 그렇다. 내가 받은 몇몇 도움 중에는 이런저런 종교도 관련돼 있다. 하지만 대부분의 도움은 선생님, 치료사, 또래 친구, 의사, 책, 〈뉴욕 타임스〉에서 받은 것들이다. 살아가다 보면 도움이 절실할 때가 있다. 여러 번 도움이 필요할 정도로 인생은 사실 편안하지만은 않다.

삶에 어두운 그림자가 드리울 때는 마음이 심란할 뿐만 아니라 가슴이 찢어질 듯 아프며, 세상에 혼자 남은 듯한 기분이 든다. 나 역시 오랜 고통으로 차마 숨을 쉴 수도, 눈을 뜰 수조차 없었던 시기가 있었다. 하지만 이러한 고통들은 우리가 '눈을 뜨는 순간', 완전히 끝난다. 내 경우, 목욕을 하고 차를 한 잔 마신 다음 다른 사람들의 도움을 구하러 갔다.

알코올중독자 치료 모임의 전문을 보면 다음과 같다.

알코올중독자 치료 모임은 알코올중독에서 벗어나기 위해 서로의 문제를 해결하고자 자신의 경험과 장점, 그리고 희망을 공유하는 사람들의 모임이다. 회원 자격을 갖추기 위해서는 금주만 하면된다. 모임의 회원이 되기 위해 별도의 회비를 납부하지 않아도 된다. 이곳은 모두 같이 함께 도우면서 이겨내는 곳이다. 이 모임은어떤 종파나 교파, 정책, 조직이나 기관과도 관련되어 있지 않고,어떤 논쟁이나 원인에 대한 반대 의견에도 개입하지 않는다. 우리의 가장 중요한 목표는 술을 전혀 마시지 않으면서 다른 알코올중독자도 금주할 수 있도록 도와주는 것이다.

일요일, 집 근처에 있는 알코올중독자 모임을 찾아갔다. 그날은 열일곱 번째 모임이 있는 날이라고 했다. 벽 쪽에 커피를한 잔 마시며 모임에서 오가는 이야기를 들을 수 있도록 의자가준비돼 있었다. 모임의 관계자는 나를 그쪽으로 안내해주었다. 평안과 지지를 얻고 싶어하는 사람들이 점점 모여들었다.

나이가 들수록 전문가나 친구, 커뮤니티를 통해 도움을 구하는 일이 어두운 방에 불을 밝히는 것만큼 어려운 일이 아니라는 생각이 든다. 물론 사람들에게 도움을 요청하려면 적당한 상황과 노력, 용기가 필요하지만, 앞서 이야기한 대로 사람은 모든 떠들썩한 파티에서 가장 코지한 존재다. 사람은 늘 어디에든 있다. 돌이켜 생각해보면, 나는 내가 누군가에게 도움이 되거나 필요하리라고 단 한 번도 생각해보지 않았다. 낯선 사람에게는 더더욱 그랬다. 나름대로 열심히 노력했지만 잘되지 않았다.

메인 주의 부모님 댁 주방에 앉아 코지와 관련된 많은 것에 대해 글을 썼다. 그것도 내 나이 40대 때. 아버지가 가끔 내 방에 오셔서 내가 뭘 하고 있는지 들여다보시곤 했다. 바람이 북서쪽을 향해 불고 날씨가 점점 차가워지는 여름의 끝 무렵, 나는 아버지에게 코르크판에 적힌 내용을 보여드렸다. 코르크판은 코지에 관한 모든 생각과 주제, 코지를 찾는 방법을 대략적으로 적어둔 메모로 빼곡히 채워져 있었다.

"이 책 제목을 그냥 '인생'이라고 하는 건 어때?" 아버지가 말씀하셨다.

나는 망설이며 "인생? 음…… 아니요, 이 책은 진정한 나에 대한 이야기이고, 영화 티켓과 강아지, 그리고 이 모든 것과 연결되어 있는 것에 대한 이야기예요. 아시잖아요."

내가 쓰는 글은 인생이라는 거대한 것보다는 코지에 관한 내용이다. 이 책을 통해 당신이 편안했으면 좋겠다.

아버지는 웃으며 창가로 가시더니 코발트블루 색 바다와 쭉 뻗어 있는 소나무, 칠리 레드 로즈힙, 저 멀리 보이는 사람들을 실어 나르는 여객선에 시선을 옮기셨다. "다 잘될 거야." 아버지의 다음 말을 기다렸다. 하지만 아버지는 별다른 말씀을 하지 않고 잠시 내 주변을 어슬렁거리셨다.

나는 늘 그랬듯 아버지가 뭔가 알고 계셨다고 생각한다. 코지, 당신에게 그게 뭐든 간에 그 자체가 인생이며, 당신은 지금 가장 따뜻한 순간과 맞닿아 있다. 하지만 늘 그렇게 쉬운 것은 아니다. 그렇지 않은가? 인생은 정말 어둡고 힘들고 슬픈 일 투성이다. 하지만 그 속에는 따뜻하고 사소한 순간들이 존재한다. 당신이 힘들 때 이런 따뜻한 순간을 기억하라. 그리고 그 순간과 당신을 연결시켜라. 그렇다면 당신은 힘든 순간에도 흔들리지 않고 앞으로 나아갈 수 있다.

인생은 너무 황홀하다. 감정은 순식간이지만, 한번 터진 감정은 계속 느낄 수 있으며 이것은 여전히 유효하다. 그런 순간들은 어디에든 있다. 당신은 이제 그것을 찾으면 된다.

감사의 말

이 책을 쓰기로 생각했을 때 나의 소중한 친구이자 에이전트인 담당자인 빌 클레그와는 팔짱을 끼고 뉴욕의 하이라인을 걷고 있었다. 우리 두 사람은 코지라고 할 만한 것으로 어떤 게 있는지 리스트를 모았다. 도넛 같은 음식, 거품 가득한 라떼까지 큰 소리로 말했다. 물론 동시에 팔짱을 끼고 걷는 것도 코지 그 자체였다! 훌륭한 내 친구 빌 클레그에게 감사 인사를 전한다.

이 책에 관해 이야기하기 위해 카렌 리날디를 처음 만났을 때, 우리는 소파에 앉아 차를 마셨다. 미팅하는 동안 카렌은 내 말을 금세 이해했을 뿐 아니라, 내 생각을 재빠르게 파악하고는 서핑과 바다에 관해 이야기하는 시인처럼 친절하게 조언해주었다. 그녀에게는 해마 문신이 있다. 의미심장하지 않은가? 카렌은 이 책이 세상 사람들과의 엄청난 공동 작업이 될 거라고 말했다. 이 책을 쓸 수 있게 해준 카렌의 탁월한 관점과 상냥함, 그리고 유머 감각에 감사한 마음을 전한다.

그 미팅을 하는 동안, 다른 소파에 앉아 있던 새러 머피와 한나 로빈슨에게도 감사의 마음을 전한다. 좋은 연필을 선물해준 새러 머피. 무한한 긍정과 최상의 가능성 있는 물음들로 코지의 개념을 마지막까지 끌고 올 수 있게 해준 한나 로빈슨. 두 분에게 진심으로 감사의 마음을 전한다.

하퍼웨이브 출판사의 모든 관계자에게도 감사를 보낸다. 그들의 노고와 창의성, 그리고 지원이 없었다면 이 일을 끝까지 끌고 오기 힘들었을 것이다. 카피 에디터 재닛 로젠버그를 비롯해 책의 표지 디자인을 아름답게 만들어준 조앤 오넬, 마케팅 디렉터 페니 마크라스와 홍보 디렉터 레이첼 엘린스키 역시 고맙다.

이 책을 위해 내 인생의 전부를 다 가져왔다 해도 과언이 아니다. 이 책을 위해 아이디어와 생각, 열정을 쏟아준 모든 분께 감사한 마음을 전한다.

바네사 길레스피, 베스 라트릴프 마크, 샤롯테 커닝험, 니나 트레인, 앤 릴레이 핀크, 란앤, 레이첼 마틴, 아프리카 스튜어트 박사, 데이비드 비어 파이어, 클레어 루이스, 새러 더함, 그리고 그녀의 예술적인 식구들, 프레드 오그덴 박사, 듀이와 로버트 드럼셈버그, 트레이시 즈위크, 케이티 브라운, 마일즈 레드, 모 숌, 카밀라 칼리만드레이, 네이든 터너, 에릭 휴즈, 마리나 코노, 아네트 버커리, 린제이 막스, 알리 웬트워스, 마리스카 하지테이와 피터 헤르만, 애슐리 맥더모, 크리스틴 마리노니, 닉 파움카튼, 크리스티나 쿠오모, 데버러 메싱, 낸시 자레키, 샘 시프톤, 카르멘 던탄, 더샬즈 해리슨, 앤 해리슨. 옛 친구는 물론 지금의 친구 모두에게 감사의 마음을 전한다.

내가 가장 사랑하는, 나를 지지해주는 시댁 식구들, 모든 분께 감사의 말을 전한다. 특히 엘렌과 스탠리 라트만에게 고맙다.

부모님과 남동생 부부, 조카들에게 감사하다.

듀크와 모드, 언제나 내 편에 있어줘서 고마워. 휴즈, 사지, 무시 이 책의 모든 것을 있게 한 너희들에게 고맙다. 이 아이들이 없었다면 코지는 존재하지 않았을 것이다.

남편의 사랑과 지지에 감사한다. 남편이 없었다면 이 책은 물론이고 그 어떤 책도 쓸 엄두가 나지 않았을 것이다. 아이다호의 그 긴 고속도로를 달리면서 아베트 브러더스의 〈트루 새드니스True Sadness〉를 불렀던 때, 둘이 같이 노래를 부르면서 앞으로 갈 길을 같이 바라봤던 그때 정말 코지했다. 남편과 함께 호흡을 맞추며 같은 방향을 바라볼 수 있다는 것이 정말 감사하다.

"너에게 코지한 것은 뭐야?"라고 친구들에게 물었다.

시장 보기, 뭔가를 걸 수 있는 고리, 닥터 수스의 책, 눈 오는 날, 오래된 페이퍼백, 고양이, 회의 장소, 올리브기름에 튀긴 얇게 썬 마늘, 미술관의 카페테리아, 우리 집 아침 식사에서 나는 냄새, 기도하는 사람, 이모티콘, 기차에서 잠자기, 차가운 마티니, 퇴비 주기, 작업실에서 그림 그리기, 퍼지 과자, 앞치마 두르기, 질서 정연한 모든 것, 정육점, 퍼즐 맞추기, 오트밀 건포도 쿠키, 저녁 식사 후 식기세척기가 돌아가는 소리, 할아버지 집에서 나는 냄새, 물, 길 건너 사는 친구를 맞이하는 일, 해먹, 화장을 끝낼 때, 프랑스와 관련된 모든 것, 가족과 함께하는 식사, 내 소형 픽업트럭, 시나고그에서 부모님을 생각했을 때, 서핑한 후 해변에 앉아 있기, 아침을 먹은 후 남은 음식, 다른 방에서 들려오는 아이들의 이야기 소리, 누군가에게 천재라고 불릴 때, 오븐용 장갑, 센트럴파크에 있는 산책길, 커피를 처음 들이킬 때, 블라인드, 잡화점에서 사 온 베이컨과 라 콜롬브 블랙 앤 탄, 달걀과 치즈, 다육식물 정원, 초등학교 교실 냄새, 둥근 테이블, 서서 먹는 달걀, 연못, 엎드려 있는 아기, 침대 위에서 피자 먹기, 우리가 가지고 다니는 작은 물건들, 사진 앨범, 크레용, 제트기가 지나가고 난 자리에 생기는 연기 꼬리, 모서리가 딱 맞는 어떤 것이 만들어질 때, 〈뉴욕타임스〉 쿠킹 웹사이트, 크리스마스 캐럴, 미니밴, 밀랍 깎기, 스니커즈 신어보기, 나막신, 개가 물을 마시는 모습, 캐시미어 양말, 길거리에 다니는 멋쟁이, 스마트 울 양말, 귀 잡아당기기, 영화 시간 찾아보기, 파이 굽기, 극장 무대 끝에서 기다리기, 내 백팩 앞쪽 포켓, 원하는 것만으로 짐 싸기, 집 앞에 배달되는 신문, 따뜻한 침대에 들어가기, 사랑에 빠지는 것, 새를 관찰하기, 좋아하는 청바지, 메이플 시럽, 데워진 메이플 시럽, 서점, 쌀과 콩, 바느질로 이름 새기기, 잘 걷는 강아지, 료칸, 밀랍, 양초, 불가에 둘러앉아 많은 사람과 이야기하기, 독서용 안경, 내 모자 등등

당신의 코지는 과연 무엇인가?

cozy

옮긴이 | 김산하

대학에서 국문학을 전공했고, 대학원에서는 문화예술정책을 전공했다. 공공 문화재단 및
국제교류 기관, 독립 기획자를 거쳐 현재 헝가리 부다페스트 한국문화원에서 전시 기획
팀장으로 일하고 있으며 바른 번역 소속 번역가로 활동 중이다.

당신이 편안했으면 좋겠습니다

초판 1쇄 인쇄 2020년 8월 19일
초판 1쇄 발행 2020년 9월 7일

지은이 이사벨 길리스
옮긴이 김산하
펴낸이 유정연

책임편집 김경애 **기획편집** 장보금 신성식 조현주 김수진 백지선 **디자인** 안수진 김소진
마케팅 임충진 임우열 이다영 박중혁 **제작** 임정호 **경영지원** 박소영 **교정교열** 허지혜

펴낸곳 흐름출판(주) **출판등록** 제313-2003-199호(2003년 5월 28일)
주소 서울시 마포구 월드컵북로5길 48-9(서교동)
전화 (02)325-4944 **팩스** (02)325-4945 **이메일** book@hbooks.co.kr
홈페이지 http://www.hbooks.co.kr **블로그** blog.naver.com/nextwave7
출력·인쇄·제본 (주)현문 **용지** 월드페이퍼(주) **후가공** (주)이지앤비(특허 제10-1081185호)

ISBN 978-89-6596-396-7 03120

이 도서의 국립중앙도서관 출판예정도서목록(CIP)은 서지정보유통지원시스템 홈페이지(http://seoji.nl.go.kr)와 국가자료
공동목록시스템(http://www.nl.go.kr/kolisnet)에서 이용하실 수 있습니다.(CIP제어번호: CIP2020032773)